孙中山与他的秘书们

主编 梅宁

孙中山与冯自由

陈海懿 张雅婷 著

南京大学出版社

前　言

1912年对于当时很多中国人来说是惊变的一年。

1912年1月1日上午，上海火车站附近人流涌动，聚集了军队、官员、警卫、社会团体和市民，他们守候在这里，为的是欢迎新晋中华民国临时大总统孙中山。这天，孙中山乘坐沪宁专车前往南京，所经之地，皆受到了当地军政官员和民众的热烈欢迎。下午5时，孙中山抵达南京，后换乘城内小火车直抵两江总督署的东箭道车站。在车站下车后，又乘坐扎花马车来到两江总督署。夜里11时，孙中山宣誓就任中华民国临时大总统。

那些夹道高呼"总统万岁"的人也许并不十分清楚"总统"和"民国"究竟意味着什么，但"孙文"这个名字对于一些能识文断字的人而言也许并不陌生。早在十几年前，"孙文"便频频作为"造反者""革命者"等重金通缉犯的名字出现在报纸和各地的告示上。令许多人惊讶而迷惑的是，当年被四处通缉而流亡海外的革命党人变成了中华民国临时大总统，那么紫禁城里的皇帝又算什么呢？

如果说1912年元旦中华民国南京临时政府的成立，已经足够让人震惊，那么2月12日发生的，则是更加天翻地覆的变化。这一天，紫禁城里发布了《清帝退位诏书》。紧接着孙中山辞去了临时大总统职位，袁世凯被选为新任中华民国临时大总统。

皇帝没了，大清亡了。

在波云诡谲的时代风云中，普通人总是后知后觉的，如果没有人对革命历程进行书写宣传,那么芸芸众生就无法深入理解革命的历史意义。

1912 年 4 月,南京临时政府成立了临时稽勋局,曾担任孙中山临时大总统府秘书处秘书之一的冯自由就任临时稽勋局局长,他遍往各地调查革命人物史迹。"革命童子"出身的冯自由,既是革命年代的亲历者,又是兢兢业业的书写者。冯自由在书写他者逸史的时候,他本人及其同孙中山的关系也值得大书特书。

目前学界有关冯自由的研究主要集中于概括梳理冯氏生平事迹、分析其革命思想和辨析其所著革命史料等领域。例如辛亥革命纪念馆编的《辛亥革命时期的广东名人传略》(华南理工大学出版社,2014 年)中《冯自由:国民党的"太史公"》一文简要介绍了冯自由的一生经历。江映林的《冯自由和他的〈革命逸史〉》(《文史杂志》2011 年第 5 期)概括了冯自由的人生经历,并对《革命逸史》加以介绍。熊志翔的《试论冯自由民主革命思想的形成》(《佛山大学学报》1993 年第 11 卷第 3 期)以时间为线索,根据冯自由的著述和经历,分析了冯自由的民主革命思想。陶季邑的《从〈民生主义与中国政治革命之前途〉看辛亥时期冯自由的社会主义思想》(《科学社会主义》1993 年第 4 期)深入分析了冯自由的民生社会主义思想。孔祥吉和村田雄二郎则利用日本档案辨析了冯自由的著述,二人的《辛亥革命史料抉择之困惑——冯自由〈中华民国开国前革命史〉与〈革命逸史〉异议》(《广东社会科学》2012 年第 1 期)和孔祥吉的《略析冯自由〈革命逸史〉的严重缺陷》(《博览群书》2012 年第 8 期)都从史料来源的角度指出了冯自由著作的不足与遗憾。

整体而言,学界关于冯自由的研究还是偏少,对冯自由与孙中山关系的探究更是严重不足。林家有教授曾指出其参与主编的《孙中山评传》①存在的缺陷之一就是"对于孙中山的人际关系、交往方面的论述较少",在个人交往方面,林教授首先提及的就是对"后期孙中山与冯自由"的关系变化缺乏深入的

---

① 林家有、张磊主编:《孙中山评传》,广东人民出版社,2014 年。

研究。①

冯自由的一生跌宕起伏,其主要事迹大多围绕着孙中山的革命生涯而展开,通过研究冯自由,我们能更全面立体地认识孙中山。当今时代,人们深受解构主义等后现代主义思潮的影响,在历史写作中,书写者的立场往往备受质疑,因此在本书的写作中,我们尽可能地综合对比多种史料和前人研究,将孙中山与冯自由的关系及其革命历程做出直观呈现。为了使逻辑清晰和便于读者阅读,我们以时间为线索,通过梳理冯自由的人生经历和他与孙中山的关系,从而呈现出纷繁复杂的民国往事。在短期主义和微观史研究的意义深受质疑的时期,为了避免人物史书写的单一性和脸谱化,我们尽可能描绘更为广阔的时代图景,以展现革命创业之艰辛,民国初创时期政治博弈之复杂,以及时代转折中个人命运的复杂多面性。

冯自由的一生受孙中山影响极深,他因孙中山的一席话而走上革命之途,从此碧落黄泉,百折不悔,而这一切缘起于1895年的秋天:

> 先生壮志医国手,猛士结草撼雷霆。
>
> 千载华夏惊天变,经年革命大厦倾。
>
> 浩浩山河生倥偬,滔滔碧血染丹青。
>
> 宝刀歌哭英雄老,秉笔欲将国魂铭。

---

① 林家有:《〈孙中山评传〉的出版与孙中山研究的未来》,上海市孙中山宋庆龄文物管理委员会编:《孙中山宋庆龄文献与研究》,上海书店出版社,2014年,第125页。

目　录

第一章

横滨华侨革命心　初识中山马前童

一　组建横滨兴中会

1895 年农历九月下旬的一天,在日本横滨外国人居留地山下町五十三番地的一家文具印刷商店内,三个久未剃发、身着长衫、面色憔悴的年轻人前来拜访老板。这家名叫文经的文具印刷店由英籍旅日华侨冯镜如经营,而前来拜访的三个年轻人正是孙中山、陈少白(又名陈白)和郑士良。这是冯镜如第一次见到

图 1 - 1　明治二十九年(1896 年)的横滨山下町五十三番地地图

图片来源:东京红团网,http://www.tokyo-kurenaidan.com/sun-yat-sen-yokohama2.htm。

孙中山,而这次看似毫不起眼的会面,却促成了大名鼎鼎的横滨兴中分会的成立。在此之前,冯镜如虽未见过孙中山,不过其实在1895年的年初,冯、孙二人便已经互闻对方大名。

图1-2 青年时代的孙中山　　　图1-3 陈少白　　　图1-4 郑士良

1894年,时值甲午中日战争,清军连连败退,举国震撼,此时孙中山与陆皓东一起游历京津地区,以窥清廷之虚实,接着深入武汉,以观长江之形势。① 孙中山在天津时,曾带着亲撰的改革时政意见书请求拜见李鸿章,然而李鸿章并没有把孙中山的求见放在心上,两人亦没有相见。② 此次上书失败,使孙中山深感失望,决志以"革命"手段推翻清廷。③ 两年后,他回忆起这段经历,称:"吾党于是怃然长叹,知和平之法无可复施,然望治之心愈坚,要求之念愈切,积渐而知和平之手段不得不稍易以强迫。"④

这一年的秋天,孙中山来到夏威夷的檀香山,"拟向旧日亲友集资回国,实行反清复汉之义举"⑤。孙中山的想法得到了胞兄孙眉的支持,孙眉是檀香山

---

① 《建国方略》,广东省社会科学院历史研究所、中国社会科学院近代史研究所中华民国史研究室、中山大学历史系孙中山研究室合编:《孙中山全集》(后文简称《孙中山全集》,编者信息从略)第六卷,中华书局,1985年,第229页。

② 冯自由:《中华民国开国前革命史》,广西师范大学出版社,2011年,第2—3页。

③ 桑兵主编:《孙中山史事编年》第一卷,中华书局,2017年,第81页。

④ 《伦敦被难记》,《孙中山全集》第一卷,中华书局,1981年,第52页。

⑤ 《兴中会组织史》,冯自由:《革命逸史》(中),新星出版社,2016年,第648页。

茂宜岛的大畜牧家，牧场里有上千头牛，资产颇丰，他表示愿意划拨一部分财产支援革命事业。然而，当孙中山致信给檀香山的其他亲友时惨遭碰壁，当时檀香山"华侨风气尚极闭塞，闻其言者多为掩耳。居数月，仅得同志数十人"①。尽管起步艰难，孙中山还是在檀香山与当地华侨同志组织了中国近代第一个反清政治团体——兴中会，提出振兴中华，挽救危局；以"驱除鞑虏，恢复中国，建立合众政府"为秘密誓词。② 同年11月下旬，兴中会成立后的第一次会议在卑涉银行

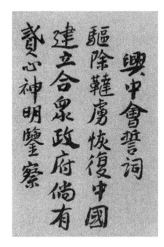

图 1-5　兴中会誓词

(Bishop Bank)华人经理何宽的寓所召开，列席者有何宽、李昌、刘祥、黄华恢、程蔚南、郑金、邓松盛、郑照、黄亮、钟木贤、许直臣、李多马、李禄、卓海、林鉴泉、钟宇、刘寿、曹彩、刘卓、宋居仁、夏百子、侯艾泉、李杞等二十余人。③

图 1-6　1894 年兴中会成立时的地点

---

① 冯自由：《中华民国开国前革命史》，第 3 页。

② 桑兵主编：《孙中山史事编年》第一卷，第 82 页。

③ 冯自由：《华侨革命开国史》，上海：商务印书馆，1946 年，第 26 页。

兴中会成立后,孙中山派人到夏威夷的茄荷雷(Kahului,今译卡胡卢伊)、百衣(Paia,今译帕依亚)等地建立分会,发展会员,数月间,会员发展至百余人,遂决定在广州发动武装起义,并先组织兴中会会员从事军事操练以为准备。关于这段经历,他后来回忆道:"不图风气未开,人心锢塞,在檀鼓吹数月,应者寥寥,仅得邓荫南与胞兄德彰二人愿倾家相助,及其他亲友数十人之赞同而已。时适清兵屡败,高丽既失,旅、威继陷,京、津亦岌岌可危,清廷之腐败尽露,人心愤激。上海同志宋跃如[按:即宋耀如]乃函促归国,美洲之行因而中止。遂与邓荫南及三五同志返国以策进行,欲袭取广州以为根据。"①

1895年1月下旬,孙中山由檀香山返香港,准备策划武装起义,途经横滨,接触了华侨陈清等人。② 当时孙中山在船上向华侨们宣讲"逐满救国"的革命事业,引起围观。船上贩卖杂货的侨商陈清听闻孙中山的演讲后,十分惊奇,便告诉当地侨商冯镜如、冯紫珊、谭有发(又称谭发)等人。冯镜如在横滨经营文经印刷店,生平任侠仗义,对于清廷之腐败无能十分不满,愤然剪除辫

图1-7 二十世纪初的日本横滨街景

---

① 《建国方略》,《孙中山全集》第六卷,第229—230页。
② 桑兵主编:《孙中山史事编年》第一卷,第86页。

发;冯紫珊是冯镜如的弟弟,经营着一家名为"致生印刷所"的印刷店;谭有发则是均昌洋服店的司理。这三个人都极为笃信新学,听闻陈清说船上有高谈"反清复汉"的奇人,都十分好奇,并"大为倾倒",[①]立即派陈清邀请孙中山上岸共商国是。

不过孙中山乘坐的轮船起航在即,不便登陆,因此孙、冯二人未能见面。即便尚未谋面,孙中山还是从他人口中记住了这位号称"无辫仔"的侨商冯镜如,还嘱托陈清将兴中会的章程及"讨房"檄文交给冯镜如,希望冯镜如代为宣传,按照章程设立分会,并且对陈清表示"广州不日起义,陈若有意参加,可到香港投靠我"。[②] 冯镜如按照陈清的转达消息,开始召集少数志同道合的人准备组织分会事宜,而陈清也在几个月后前往香港追随孙中山,冯镜如还赞助了陈清旅费三十元。[③]

1895 年 3 月,孙中山在香港与陈少白、郑士良、杨衢云等人谋于广州发动起义,时间定在重阳节,不料计划泄露,清政府加强防范,第一次广州起义失败。孙中山、杨衢云、陈少白被港英当局判出境五年,于是孙中山携陈少白、郑士良东渡日本,杨衢云西游印度及非洲各地,其余人等隐匿在港澳地区,暂停活动。[④]

孙中山东渡日本后,正式采用了"革命党"的称呼。在乙未年(1895 年)广州起义之前,孙中

图 1-8　杨衢云

山等革命党人并未采用"革命"二字,对于从太平天国到兴中会时期的各类革命活动,党人都沿用"造反""起义""光复"等名词来称呼。1895 年兴中会广州起事失败,孙中山、陈少白、郑士良被引渡出境,经过日本神户时,三人登岸购

---

① 《自序》,冯自由:《革命逸史》(上),新星出版社,2016 年,第 8 页。
② 林家有、张磊主编:《孙中山评传》(上),广东人民出版社,2014 年,第 115 页。
③ 《兴中会组织史》,冯自由:《革命逸史》(中),第 655 页。
④ 冯自由:《中华民国开国前革命史》,第 15 页。

买日本报纸,中间有一则新闻《支那革命党首领孙逸仙抵日》。孙中山看到这则新闻后,对陈少白说:"日人称吾党为革命党,意义甚佳,吾党以后即称革命党可也。"

冯自由在《革命逸史》中简要地解释了"革命"一词含义的流变:"按日人初译英文 Revolution 为'革命',但揆诸《易》所谓'汤武革命'之本义,原专指政治变革而言,故曰'革其王命',又曰'王者易姓曰革命'。自译名既定,于是关于政治上或社会上之大变革,咸通称曰'革命'。今国人遂亦沿用之。"①孙中山所发动的起义不仅意在推翻清朝的统治,更是要建立共和政府和民族国家,比起以往"王者易姓"模式的起义,孙中山的行动则更具有近代意义。

11 月 13 日,孙中山乘船抵达横滨,上岸投奔友人,继续商议革命事业。孙中山首先拜访了旧识谭发,谭发为他租了一个楼面,随后陈少白、郑士良上岸。②被安顿后不久,孙中山在谭发的介绍下,结识了冯镜如、冯紫珊兄弟等当地较有威望的华侨。在冯氏兄弟等人协助下,孙中山召集富有进步思想的同志十余人,在横滨创立兴中会分会,分会推举冯镜如为会长,赵明乐为司库,赵峄琴为书记,冯紫珊为干事。③半个月后,设兴中会会所于山下町一百七十五番地。温芬(炳臣)、郑晓初、陈才、陈和、黄焯文、黎简卿、陈植云、冯懋龙(后易名自由)等十余人陆续加入。孙中山将革命宣传品《扬州十日记》、黄宗羲《明夷待访录》选篇《原君》《原臣》等交给冯镜如,由文经印刷店印刷上万卷,分送到海外各埠。④孙在冯镜如店中二楼暂住一个星期后,便剪短头发、改穿西装去了美国,郑士良回到香港,陈少白继续留在横滨。⑤

---

① 《"革命"二字之由来》,冯自由:《革命逸史》(上),第 13 页。
② 陈少白:《兴中会革命史要》,上海:建国月刊社,1935 年,第 13 页。
③ 冯自由:《中华民国开国前革命史》,第 20 页。
④ 冯自由:《中国革命运动二十六年组织史》,上海三联书店,2014 年,第 24 页。
⑤ 陈少白:《兴中会革命史要》,第 14 页。

图1-9　今日的横滨山下町五十三号番地街景

图片来源:东京红团网,http://www.tokyo-kurenaidan.com/sun-yat-sen-
yokohama2.htm。

　　横滨兴中会成立不久后,便面临缺乏资金的窘境。冯自由在《革命逸
史》里有如下记述:"总理提议向各会员商借五百元作赴檀香山旅费。明乐、
峄琴为出口商永乐和号东主,资产颇富,与总理有同属耶稣信徒之谊。及闻
总理提议筹款,乃大为反对,且不再莅临会所。其余各会员多一筹莫展,遂
由镜如、紫珊分任此数。总理乃以一百元给少白,一百元给郑弼臣,余充渡
美川资。总理抵檀未久,即以五百元汇还冯氏昆仲,旅日侨商咸称总理言而
有信云。"①寥寥数语,让我们大抵可见横滨兴中会成立初期,横滨侨商并无
多大信心,并且在金钱问题上有所争议,其中赵明乐、赵峄琴二人则因此直
接退会。而冯镜如、冯紫珊兄弟二人的慷慨解囊令孙中山深为感动,或许可
以推知,这种仗义疏财的精神也无形中影响了少年冯自由,让他慷慨投身于
革命事业。

　　在一定程度上可以说,冯自由之所以能够走上辅助孙中山的革命之路,离

---

　　①　《横滨兴中会》,冯自由:《革命逸史》(上),第14页。

不开其父亲冯镜如的影响。因此,评述孙中山与冯自由,自然需要先论述爱国华侨冯镜如。

二 爱国华侨冯镜如

前文已经述及冯氏兄弟积极加入兴中会,并对孙中山慷慨解囊,此举已表明了对清廷的反抗之心,这与他们早年的经历息息相关。冯自由在《革命逸史》自序中回忆家世时称:"溯余父之早年经商横滨,亦有故焉。余祖展扬世业儒医。清咸丰初年太平天国洪秀全遣部将陈金刚等谋在粤举兵响应,各府县从之者大不乏人,各以头裹红布为识,时人以'红头贼'三字称之。余祖即以结交'红头贼'嫌疑被清吏逮捕系狱,瘐死南海县狱。余父以是抱恨终天,愤然间关走日本谋生

图 1-10 冯自由父亲冯镜如

活,居横滨数十年。甲午中日构衅,清军败绩,余父益愤清政不纲,毅然剪除辫发。时旅日华侨无去辫易服者,有之独余父一人耳,故同国人咸称余父为'无辫仔'焉。"①

冯自由回忆其父冯镜如是因祖父冯展扬惨死狱中后,愤而东渡日本,并且在甲午战后去辫易服,被人称为"无辫仔"。颇为蹊跷的是,冯自由的著述中对父亲冯镜如和叔叔冯紫珊的记述都较少,仅在《兴中会会员人名事迹考》中对他们的生平做了简单的勾勒②:

---

① 《自序》,冯自由:《革命逸史》(上),第 7 页。
② 《兴中会会员人名事迹考》,冯自由:《革命逸史》(中),第 671—672 页。

姓名	籍贯	职业	住所	组织	年份
冯镜如	南海	商人	横滨	兴中会	乙未
	横滨文经文具店主人。少任侠好义，旅日侨工咸仰重之。甲午年已去辫易服。总理是年十二月舟过横滨时，命其组织革命团体。及乙未广州之役失败，总理偕陈白、郑士良到日本。冯与其弟紫珊招待一切。兴中会成立，被举为会长。未几总理赴檀，冯氏兄弟助旅费五百元。陈白旋移寓文经商店二楼。戊戌（一八九八）后，冯屡设法使梁启超与总理合组新党，共同救国，以康有为从中作梗而止。辛丑年（一九〇一）文经商店被火，全部损失，乃赴沪就广智书局总经理一职。癸卯年（一九〇三）因发起张园国民议政会，被清吏指名通缉。是岁冬上海《国民日报》发生内讧，与陈白出而调解息事。后数年返粤闲居。民二年冬病故。				
冯紫珊	南海	商人	横滨	兴中会	乙未
	横滨山下町五十六番致生印刷店主人。人甚豪侠。兴中会成立时被举为司库。戊戌后为康梁所惑，推为横滨保皇会会长，复又兼《新民丛报》总理。康梁倚为长城。民十在粤逝世。				

除了上述简单的事迹回忆外，冯自由在提及其他人事的时候对其父亲和叔父也大多一笔带过，似为避嫌。所幸冯镜如的孙子冯瑞玉①在文章中对冯镜如的一生有着更为详细的忆述，现辑录如下：

F 是冯镜如的英文 Fung 的首字母，Kingsell 是镜如的广东音表记……冯镜如的原籍是广东省南海县秀水乡，先祖代代为儒医。到十七世冯展扬时候移居香港，冯镜如是四兄弟中的长子，出生于1844 年。冯家家谱记载"原名俊明，讳泰初，字镇朝，号镜如，国学生"。1851 年洪秀全太平天国起义，父亲冯展扬因涉嫌"红头贼"而

---

① 冯瑞玉的父亲为冯伟龙，是冯镜如第七子，也是冯自由的弟弟。冯伟龙于 1895 年在横滨山下町五十三番地出生，十岁左右成为中国同盟会会员，先后在横滨大同学校、香港皇仁书院、唐山交通大学学习。1913 年与宋子文一道成为政府选派美国的留学生，攻读电气机械工学。后归国，在 1922 年 5 月被孙中山任命为广州大本营无线电报总局局长。在陈炯明叛乱期间，同孙中山一起避难于永丰舰，与总理生死与共。此后一直担任国民政府官员，第二次世界大战战后作为中华民国代表团的接收委员来到日本，余生在日本度过，于 1975 年病逝。参见馮瑞玉「馮鏡如『新增華英字典』をめぐって(1)辛亥革命を支えた英国籍の中国人」、『月刊しにか』、第 12 卷第 9 期、2001 年、第 105 頁。

被逮捕,一年后死于狱中。《革命逸史》中写道:冯镜如一生都对清朝抱有怨恨,愤然前往日本。

关于来日本的时间,幕末时期的河井继之助在 1859 年居住在长崎,根据他 10 月 17 日的日记,"广东人冯障如乘坐英国船只前来……冯氏字'霜',会写书画……喜好文字"。文中虽是"冯障如",但据所藏由冯镜如在 1860 年创作的墨竹图中署名"冯霜",可以判定他是 1859 年乘坐英国船只抵达长崎的。

根据长崎县立图书馆资料,十九世纪六十年代到七十年代,冯镜如属于长崎的 Glover 商会,也就是中国商社"广裕隆"号。冯镜如以"哲华"为笔名留下了很多字画,收藏在长崎县立美术博物馆、长崎市立博物馆、涩谷区立松涛美术馆等处。但是,在这些资料里面,记载着出生地是番禺县,年龄也与横滨的冯镜如不同,因此出现了"冯镜如二人说"(伊藤泉美,1991)和"同一人说"(鸿山俊雄,1972;松本武彦,1989)两种说法。不过亲族确实说"冯镜如擅长字画"。

……

冯镜如于 1878 年左右移居到横滨外国人居留地五十三番地(现在的中区山下町五十三番地附近),经营キングセル商会(Kingsell & Co.,中文名:文经活版所)。キングセル商会在印刷、制本、出版业之外,还经营墨、笔、纸等文房用品,还贩卖杂货、茶叶和生丝的包装袋等……重义气的冯镜如在横滨华侨社会里面有较高信用与声望。①

---

① 馮瑞玉「馮鏡如『新增華英字典』をめぐって(1)辛亥革命を支えた英国籍の中国人」、『月刊しにか』、第 12 巻第 9 期、2001 年、第 98—105 頁。

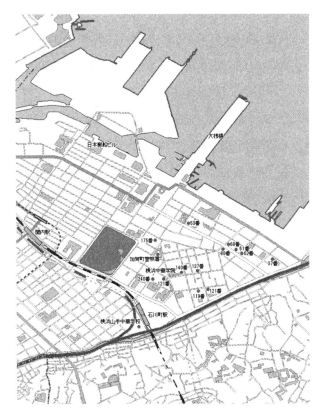

图 1 - 11 现今横滨市山下町五十三号番地、横滨山手中华学校等地理方位显示图

图片来源:东京红团网,http://www. tokyo-kurenaidan. com/sun-yat-sen-yokohama2. htm。

尽管和冯自由的记载大体相同,但冯瑞玉更为详细地介绍了冯镜如参加兴中会之前的经历,而且考证出冯镜如来日本的时间为 1859 年,并提及冯镜如擅长字画等,以及他到日本后通过经营文经商店,家财逐渐丰厚。关于冯镜如的品行,无论是他儿子还是孙子,都一致提及他重义气及有声望。可以推测,1895 年横滨兴中会分会成立后,冯镜如之所以被推举为会长,其在侨商中的声望是原因之一。

除了担任横滨兴中会分会会长外,冯镜如还在横滨兴办教育,这也被认为是"横滨兴中会分会最引人注目的一件工作"①,在这一过程中他和康有为一派发生了联系。在冯瑞玉的记述中,冯镜如与邝汝磐等人认为,为了国家的将来,有必要培养人才,遂发起设立华侨子弟教育机关,即中西学校(横滨大同学校的前身)。

中西学校于1897年冬开校。最初,孙中山推荐上海《时务报》主笔梁启超担任校长,但是康有为代之以徐勤,随即开始掌握主导权。康有为和梁启超在1898年9月戊戌政变后亡命日本,此时革命派与保皇派之间的关系开始恶化。为了调和两派,大同学校遂聘犬养毅担任名誉校长,大隈重信担任名誉理事长。冯镜如也希望协助两派和解,在文经印刷店的二楼,组织革命派的孙中山、陈少白、杨衢云和保皇派的梁启超、韩文举、徐勤等人进行了几次会面相聚,秘密协商共同救国。不过多次协商基本上因康有为的反对而无法实现和解,冯镜如到后来仍对此感到遗憾。当时冯镜如是大同学校的行政人员,犬养毅和大隈重信时不时也会造访文经印刷店。冯自由亦在大隈重信的介绍下进入东京专门学校(早稻田大学的前身)英语政治科学习。②

冯镜如还以英商的名义从事出版活动,1898年12月在横滨创办旬刊《清议报》,由梁启超担任主编,该报内写着"发行及编集人 英国人冯镜如"。按冯自由的记述,康、梁师徒亡命日本后,梁启超感觉有设立言论机关之必要,"遂于己亥春(一八九九年)向侨商募资,在横滨发刊《清议报》,大倡保救清帝光绪之说,推冯镜如任总理,而自任总撰述,麦孟华、欧榘甲等佐之……"③《清议报》虽为梁启超所办,但名义上发行兼编辑则是"英国人冯镜如",经营权实际掌握在冯镜如及其弟冯镜泉(紫珊)手中,梁启超不过任

① 沈渭滨:《孙中山与辛亥革命》,上海人民出版社,2016年,第77页。
② 馮瑞玉「馮鏡如『新增華英字典』をめぐって(1)辛亥革命を支えた英国籍の中国人」、『月刊しにか』、第12卷第9期、2001年、第98—105页。
③ 《横滨〈清议报〉》,冯自由:《革命逸史》(上),第56—57页。

该报主笔而已。① 而后，秦力山和沈翔云等为反对帝国主义和提倡民主主义革命，于 1901 年 5 月在东京创办月刊《国民报》，该报内写着"发行兼编集人　京塞尔"。"京塞尔"是 Kingsell 的汉字译名，也就是"冯镜如"，有时候也译为"经塞尔"。

为了避免日本政府应清政府要求而采取行动干涉梁启超和秦力山，在日本的各派人士意识到在印刷出版事业经营上，有必要求助于英国籍的冯镜如。不论是革命派还是保皇派，只要是持有救国的志向，冯镜如就予以援助，他认为国家改革是防止列强侵略的先决条件。冯镜如还同情受到日本政府官宪监视的孙中山和梁启超等亡命者，完全不吝啬于援助。他认为这些人与自己因清廷抓捕父亲致其无辜被害而逃亡日本的情形相似。②

图 1 - 12　《清议报》第一册

冯瑞玉较为详细地记述了冯镜如同孙中山和康、梁的来往关系，这些内容都比冯自由所述的要更为丰富。冯自由只言片语的记述中，并未提及冯镜如为何不仅极力帮助革命派，而且对保皇派人士也慷慨解囊；而通过冯瑞玉的记述，可以得知冯镜如这样做，部分是源于冯镜如的"同情心"和任侠好义的性格。

冯镜如还致力于编纂《新增华英字典》，"以培养具备全球视野的人才"，并通过《清议报》的贩卖途径，使该字典"不仅可以行销日本与中国，还可以卖给海外的中国人"。③《清议报》停办后，冯镜如来到上海，参与了广智书局的创

---

① ［日］伊原泽周：《从"笔谈外交"到"以史为鉴"——中日近代关系史探析》，中华书局，2003 年，第 237 页。

② 馮瑞玉「馮鏡如『新増華英字典』をめぐって(1)辛亥革命を支えた英国籍の中国人」、『月刊しにか』、第 12 卷第 9 期、2001 年、第 98—105 頁。

③ 冯瑞玉：《横濱山手中華學校"百年校史"發刊に寄せて——横濱大同學校と馮鏡如》，横滨山手中华学校百年校志编辑委员会：《横滨山手中华学校百年校志》，横滨山手中华学园，2005 年，第 35—38 页。

办,发行《新民丛报》《新小说》《二十年目睹之怪现状》等,他不仅贡献了自己的管理经验,在经济上也贡献了自己的力量。①

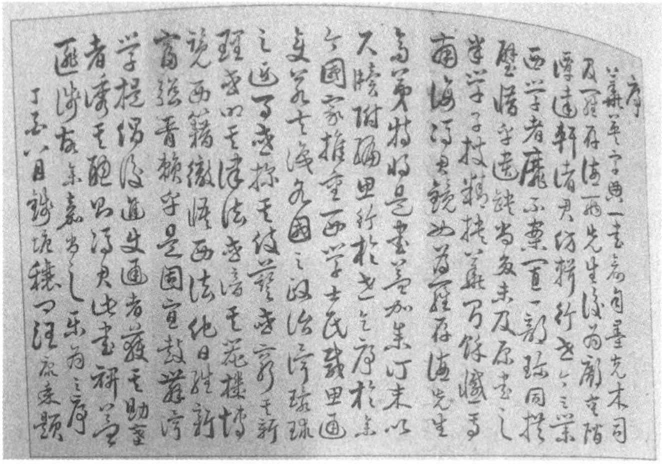

图 1-13　《新增华英字典》汪康年(穰卿)所作序言

在生命的最后十年间,即便横滨的文经商店发生火灾,冯镜如也没有重返日本,而是辗转于上海和广州之间,为救国事业奋斗到最后,"1903 年4 月,与陈范、吴敬恒等人在上海张园召开要求俄国从东北撤出的拒俄大会;10 月,与陈少白一起调停革命派章士钊所创办的《国民日报》内部编辑部与经营部的内斗。在他停留上海期间的 1904年,横滨的经塞尔商会发生火灾。冯镜如晚年在广州普源街经营广东印字馆,于辛亥革命后的1913 年冬去世。墓地不明"。②

图 1-14　章士钊,曾任段祺瑞执政府司法总长

①　邹振环:《冯镜如及其文化活动述略》,张应龙主编:《广东华侨与中外关系》,广东人民出版社,2014 年,第 135 页。
②　馮瑞玉「馮鏡如『新增華英字典』をめぐって(1)辛亥革命を支えた英国籍の中国人」、『月刊しにか』、第 12 卷第 9 期、2001 年、第 98—105 頁。

对于冯镜如的一生,学者邹振环评价道:"冯镜如属于生活在帝国边缘的文化人,早年在香港接受西方文化,为免株连东逃日本的经历,使他有着与同时代很多内陆士大夫不同的特点。在与'他者'文化的交往中,冯镜如兼有实业家、侨领、社会活动家的多种身份,与西方思想、日本政界,乃至于全球文化都有接触,形成了比较开阔的世界眼光和民族意识,他一直是活动在改良派与革命党之间的中间人。作为兴中会日本分会的创建人,他成了辛亥革命时期的重要活动家,长期在日侨界利用乡缘调适友朋关系的经验,使他政治上赞成孙中山革命派……他站在中国与西学以及日本文化之间,策划编纂了流传甚广的《新增华英字典》,努力寻找中西文化的融通点。以自己的组织联系、规模策划方面的突出才干,在清末风云变幻的政治与文化旋涡中,为近代教育、出版和中西文化交流贡献了自己的力量。"①

可以说,冯家三代都与反清革命渊源甚深。冯自由的祖父冯展扬以结交"红头贼"嫌疑遭清吏逮捕,逝世于南海县狱。父亲冯镜如因此愤然出国,在日本横滨经营文经印刷店,并取得一定的经济实效,而成为横滨华侨的领头人之一,"疏财仗义、排难解纷、诚信素孚、深得人望,为旅日侨胞领袖"②。孙中山在日本筹设兴中会分会过程中,冯镜如从旁极力协助,提供经费和场地。在兴中会分会成立后,冯镜如遂被推举为分会会长。而冯自由本人在十四岁时服膺于孙中山的思想和事业,并被孙中山特准于横滨加入了兴中会,此后长期协助孙中山以完成其伟大的革命事业。

冯家三代的革命事业具有继替发展的传承性意义,并最终在冯自由协助孙中山的过程得到了实现。

---

① 邹振环:《清末政治与文化旋涡中的冯镜如》,《华东师范大学学报》2014年第3期,第53页。
② 简又文:《革命元勋冯自由》,美国《"自由中华"》月刊抽印本,1963年,第1页。

三 革命"马前一小童"

冯镜如有七个儿子和六个女儿,根据家谱所记,长男文龙,次男铭龙,三男懋龙,四男礼龙,五男锦龙,六男坤龙,七男伟龙,其中三子懋龙即冯自由。冯自由,原名冯懋龙,字建华,1881年出生于横滨外国人居留地五十三番地。1895年,冯自由在日本横滨签写盟约加入兴中会,成为孙中山倡导革命最早组织的革命团体里最年轻的一位同志,他也因此得了一个美号——"革命童子"。

图1-15 青年冯自由

1895年的夏天,冯自由还是一个名叫冯懋龙的十四岁少年,由于母亲生病、父亲冯镜如忙于生意,他才从广东来到了日本照顾母亲。冯自由称自己"夜习英文,日中无事惟读小说消遣,于国事毫无所知"。当时,兴中会横滨分会成立,冯镜如被推为分会会长。① 分会成立后约一星期,孙中山、陈少白、郑士良三人应冯镜如的午餐之约,来到冯镜如的商店里聚餐,而冯懋龙则陪在末座。席间,孙中山问起冯懋龙喜欢读什么书和对书中人物的看法。冯懋龙答以喜读《三国演义》,而诸葛孔明是他最喜欢的人物。孙中山听罢,笑着对冯懋龙说:"汝知喜欢孔明,即是明白古今顺逆之理。我等之兴中会便是汉朝之刘备、诸葛亮。今之满洲皇帝,便是曹操、司马懿。我等之起兵驱逐满洲,即如孔明之六出祁山也。"孙中山将兴中会比作刘备和诸葛亮,将清政府比作曹操、司马懿,告诉年少的冯懋龙,兴中会的目的是要像诸葛孔明六出祁山一样兴复"汉"室。孙中山又向冯镜如建议让冯懋龙入会:"令郎能熟读《三国演义》,何不令其入会?"②于是,冯镜如让其子冯懋龙填写了誓约,

---

① 张宪文、张玉法主编,任贵祥、李盈慧著:《中华民国专题史·第十四卷:华侨与国家建设》,南京大学出版社,2015年,第60页。

② 《自序》,冯自由:《革命逸史》(上),第8页。

在孙中山等人的见证下正式加入了横滨兴中会分会。

彼时当地革命风气比较保守,旅日华侨大多视革命"排满"的言论为大逆不道,因此兴中会会员们对外都比较警惕,每次开会的通知书都让这位十四岁的"革命童子"负责抄写,还让他从事印刷革命宣传品和传送信件等工作。当时横滨兴中会分会的主要宣传品有《扬州十日记》和《明夷待访录》等,冯自由(懋龙)年纪尚轻,不能理解其中内容,但其将《扬州十日记》作为小说阅读,熟记于心,在横滨可以看到的知识报章也只有改良派宣传维新变法之论的上海《时务报》和澳门《知新报》等,"于革命保种之真谛,固无关系"。等到冯自由前往东京学习,进一步博览群书,阅读了东西方文史、政治哲学经典后,他开始理解平等、自由、天赋人权等学说,对于世界革命、民族自决等西方思潮的源流豁然贯通①,而这些思想学说深深地影响了冯自由的革命思想。

冯自由成年后与李自平结婚,夫妻同心,均致力革命,连同父亲冯镜如、叔父紫珊、弟坤、岳父李煜堂以及内兄李自重,一门豪杰,皆是革命党人,可谓是革命世家。② 冯自由一生都在追随孙中山,希望实现民族自决的共和国家梦想。

关于这段经历,冯自由在《革命逸史》中曾作自题诗:

> 总理重阳唱大风,予生十四便从公。
> 兴中会设横滨日,我是马前一小童。③

---

① 《自序》,冯自由:《革命逸史》(上),第 9 页。

② 辛亥革命纪念馆编:《辛亥革命时期的广东名人传略》,华南理工大学出版社,2014 年,第 107 页。

③ 《自题〈革命逸史〉十首》,冯自由:《革命逸史》(上),第 192 页。

第二章
东京问道初涉报　笔下藏锋赴革命

一　大同大器名自由

　　冯自由早年的求学生涯较为曲折,这直接塑造了他的奋斗精神和革命意识。早在 1896 年,在东京晓星学校求学期间,他就曾因不堪忍受同校欧美学生的欺凌而肄业。[①] 该校为法国天主教会所立,以法文教学为主,英、日文教学为辅,约有两百名学生,仅有冯自由和谭庚(经营洋服的均昌号主人谭发之弟)两名中国人。学校中的欧美学生蔑视和孤立冯自由和谭庚二人,经常侮辱中国人,说"Chinese people, too much dirty",在运动场中屡次向冯、谭二人寻衅殴击。年少的冯自由不堪受辱,曾因自卫而伤到挑衅的欧美同学,被校长惩罚。此后欧美同学竟称冯自由为"猫",挑衅变本加厉。二人仅在此学校学习了四个月,最后因不堪忍受欧美同学的种族歧视和校园霸凌,退学回到横滨。

　　1898 年 2 月初,横滨大同学校成立,冯自由遵父命入该校学习。[②] 横滨大同学校缘起于当地买办黎焕墀、郭雅生等人邀请陈少白教授中文。当地许多侨商自幼出国,欠缺中文基础,很想找机会好好学习中文。陈少白认为自己不适合教学,并且不能久居横滨,因此提议开办一个中文学校,这样可以使更多的华侨子女得到系统的中文教育。黎、郭二人觉得这个提议不错,于是与几位同为兴中会会员的当地侨商在中华会馆商议,决定以中华会馆为校址成立一

---

　　① 国务院侨务办公室政法司编:《海外华侨与辛亥革命》,世界知识出版社,2012 年,第 468 页。
　　② 《横滨大同学校》,冯自由:《革命逸史》(上),第 48 页。

个华侨学校。学校的经费,一部分由中华会馆的产业划出,一部分由华侨分任到外边去募捐。

开办横滨大同学校这类华侨学校的举措,在一定程度上得到孙中山的支持。其实在甲午战后,中国就有一些有识之士认识到中国的失败不仅是军事上的失败,更是制度、教育的失败,孙中山也提出类似的迫切愿望,"故欲我国转弱为强,反弱为盛,必俟学校振兴,家弦户诵,无民非士,无士非民,而后可与泰西诸国并驾齐驱,驰骋于地球之上"①,因此横滨兴中会分会也就成为促成侨校建立的核心力量。1897年秋,冯镜如和邝汝磐等横滨侨商在横滨中华会馆集会,发起组织学校,议决由华侨筹资建立一所学校"教以中、英、日文三科……众皆赞成。会馆董事某等允将百四十番房屋二间租出,订明每月租银六十二元。事既议定,即在会馆开捐及公举值理",于是有了横滨大同学校的创办。②

图 2-1　1898 年的横滨大同学校校舍

教员问题上,陈少白推荐梁启超来任总教习,因为陈少白和梁启超、康有为有着深交,并且他认为对中国人子弟进行教育的教员应该以中国人为主体,

---

① 张磊主编:《孙中山文粹》上卷,广东人民出版社,2009年,第64页。

② 转引自邹振环:《冯镜如及其文化活动述略》,载张应龙主编:《广东华侨与中外关系》,广东人民出版社,2014年,第130页。

而不是去借助外国力量。① 横滨大同学校酝酿时期，孙中山与康、梁等关系尚好②，孙中山由英国回到日本，而陈少白打算到台湾去，就将办校的事情交给孙中山，并写了一封介绍信，交给学校的董事，让他们派人去上海找梁启超，请其代聘学校教师。学校董事邝汝磐和冯镜如等人携带陈少白的介绍信到上海拜访康、梁。康有为以梁启超报务繁忙为由，改荐徐勤任总教习，派陈荫农、陈默庵、汤觉顿等人赴日充当教员。

橫濱學校之議倡之已數年自丁酉戊戌之間始漸就緒取禮運之義名曰大同聘三水徐君勉爲總教習中學西文東文三者並進規模頗立成效畧著今歲校中董事同人更擬推廣因敎諭日本衆議院議員前文部大臣犬養毅君爲校長犬養君者雄才博學而最關心於東亞之間以聯絡中國爲宗旨者也受同人之敎請欣然允諾於本月初七日開校前自相大隈重信伯爵聞此盛舉亦大喜深願提倡同人請於開校日親臨敎示一切伯爵亦狀諾爲於初七日午前十點鐘與犬養君同由東京至橫濱同行者有斯門學校講師高田早苗君及平山周君宮崎寅藏君等凡十五人以十一點鐘抵學校於是全橫濱紳商之有名譽者數百人咸集校中中華會館董事及學校董事數人迎於鐵道之驛學生百六十餘人迎於門外敎習及其餘紳耆等迎於階下既至校相見以西人覿見君主之禮任孔子像次大隈伯率同來諸君咸諾 孔子像哲依西人覿見君主之禮 聖傑前二揖射致敬畢諸學庠爛然改容諭 聖傑與請校長犬養君登講堂講學以日本語演説

图 2-2 《大同学校开校记》

---

① ［日］中村聪：《日本横滨大同学校之创立》，马燕译，《东方论坛》2008 年第 5 期，第 93—97 页。

② 桑兵主编：《孙中山史事编年》第一卷，第 199 页。

横滨大同学校最初由孙中山起名叫"横滨中西学校",有融汇中西之意,康有为认为"中西"二字不雅,更易其名为"大同",亲书"大同学校"四字门额为赠。① 《大同学校开校记》中称"横滨学校之议,倡之已数年,自丁酉、戊戌之间,始渐就绪,取《礼运》之义,名曰'大同',聘三水徐君君勉为总教习,中学、西文、东文三者并进,规模颇立,成效略著。今岁校中董事同人更拟推广,因敦请日本众议院议员前文部大臣犬养毅君为校长"。② 横滨大同学校成立后,在《知新报》上发表了告示,全文如下:

> 日本横滨所创中国大同学校,定于中历二月初旬启馆,所聘中文教习三水徐勤君勉、南海陈和泽荫农、顺德陈汝成默庵、番禺汤为刚觉顿,西文教习顺德周镜澄鉴湖,东文教习井上太郎。日本当道如近卫公、大隈伯、副岛种臣谷干城各大臣等,亦极留心此事,并赠学校教科书十数种。他日学堂所学有成,欲习专门之学者,咸愿代荐入东京各学校肄业。(每年经费,不过百金左右。)中国从来志士欲游学外洋者苦无津涯,今有大同学校为之东道,并可作日本学校之先容,其途至捷,其费至简,终南之径,莫过此矣。今方设立经济特科,亟录之以告天下之有志者。③

学校成立后,总教习徐勤手撰《日本横滨中国大同学校学记》,宣讲"立志""读书""合群""尊教""保国"五大主张。④ 横滨大同学校从建校之日起,就用中、英、日三语同时进行教学,引导学生学习西方及日本的先进思想和文化,开

---

① 董丛林:《光绪二十四年:变政与政变》,故宫出版社,2013年,第189页。

② 《大同学校开校记》,《清议报》第10册,1899年4月1日,汤志钧、陈祖恩、汤仁泽编:《中国近代教育史资料汇编:戊戌时期教育》,上海教育出版社,2007年,第388页。

③ 《横滨大同学校近闻》,《知新报》第47册,1898年3月22日(光绪二十四年三月初一日),第12页。

④ 徐勤:《日本横滨中国大同学校学记》,《知新报》第52册,1898年5月11日(光绪二十四年闰三月二十一日),第3—5页。

设课程充分显示了新式教育的特色,提高了横滨华侨子弟的教育水平。学校也非常重视对学生体育方面的训练,开设军事体操等课程,力求使学生成为军事方面的初步储备人才。①

冯自由在《革命逸史》中回忆,横滨大同学校成立之初,徐勤任校长,专以救国勉励学生,每演讲时事时,恒慷慨激昂,闻者莫不感动。教室上黑板及课本书面皆大书标语曰"国耻未雪,民生多艰,每饭不忘,勖哉小子"十六字,师徒每日罢课时必大呼此十六字口号始散。又编短歌曰:"国亡际,如何计;愿难成,功莫济。静言思之,能无恧愧。勖哉小子,万千奋励。"②这样的爱国教育使横滨大同学校的学生深受影响,言谈之间,都充满了救国思想氛围。这种洋溢着慷慨气概和理想主义的氛围对十七岁的冯自由影响极深。在横滨大同学校就学期间,他成绩优异,考试经常名列前茅,因此"志大言大,有扶危定倾舍我其谁之概","尝榜一联于书室左右曰:大同大器十七岁,中国中兴第一人",表达壮志。③尽管其父冯镜如见到后,一度斥责冯自由大言不惭,但革命救国思想已经根植于冯自由的内心。他还和同学方庆周共写一首诗:

> 漫天阴雨夕阳沉,一片弦歌万木森。
>
> 七十门人闻大道,三千诸佛听梵音。
>
> 众生普渡师尊志,社稷匡扶弟子心。
>
> 同学少年多努力,我言时事泪沾襟。④

此诗用漫天阴雨、夕阳西下、万木阴森的意象暗指清王朝江河日下、中华

---

① 鞠玉华:《日本华侨华人子女文化传承与文化认同研究》,暨南大学出版社,2015年,第85页。

② 《横滨大同学校》,冯自由:《革命逸史》(上),第48页。

③ 国务院侨务办公室政法司编:《海外华侨与辛亥革命》,第468页。

④ 武昌辛亥革命研究中心组编,严昌洪主编,肖宗志、管龙陵编:《辛亥革命史事长编》第2册,武汉出版社,2011年,第16页。

大地日渐沉沦的时局,又用孔子七十门徒(七十二贤)、佛门三千弟子的儒释典故来暗示自己想要拯救中华的志愿,又寄语正当少年的同学们多多努力,最后又以让人"泪沾襟"的时局境况作为收尾。此诗文辞、格律上虽非一流,但出自十七岁少年之手,已可见其豪情壮志,这样的心境似乎也奠定了冯自由日后的人生走向,坚定革命理想,百折而不挠。

徐勤一方面在课堂上宣扬救国思想,另一方面,作为康有为的门徒,他也按照康有为的指令,在学校宣传维新保皇理念。"尊教"是徐勤为大同学校所拟的学纲之一,他对设立孔教的价值坚信不疑,执掌大同学校的总教习职位之后,就积极尝试推行儒学的宗教化,以使孔教设想付诸实施。[①] 徐勤的《日本横滨中国大同学校学记》规定了学生每周的课业安排和作息时间,并效仿西方宗教仪式,要求学生每周日祭拜孔子,并要在孔子生卒日和相关节日时行礼唱诗,种种规章充满了宗教仪式感,完全将孔子的儒家学说当成宗教进行宣传。当时学校中有信仰基督教的学生赵子彬,他拒绝叩拜孔子像,被教员陈荫农强迫退学。由于此事,横滨华侨中的基督教徒对横滨大同学校心生厌恶之感。[②]

整体而言,在戊戌变法前,革命派与改良派的主要追求目标存在一定的共性,即首要在于挽救国家危亡,所以两个派别曾考虑过合作,人员之间亦有来往,根本性的宗旨论争并未发生。[③] 学者吴爱萍指出两派"从某种意义上看,它们是同源而又同归的。作为宪政变革的路径选择,它们在必须变革现存的政治制度模式,代之以立宪政治方面是一致的,都服务于立宪总目标的确立,都能起到变革社会的作用,只是在通过何种手段实现这一目标上有不同的主

---

① 张林杰:《康有为与康门弟子》,大象出版社,2014 年,第 221 页。

② 《横滨大同学校》,冯自由:《革命逸史》(上),第 49 页。

③ 乔志强:《辛亥革命前的十年》,山西人民出版社,1987 年,第 274 页。本书根据所引文献与语境,对革命派(革命党)、改良派(维新派)、保皇派(保皇党)的表述用词前后稍有不同。

张"①。

这一时期两派关系较为良好,并且由于两者在国内政治舞台上都处于边缘位置,政治分野暂时并不明显,所以徐勤也经常与孙中山、陈少白往来,这也促成了横滨大同学校的成立。但是,由于康党人士掌握了该校教育权力,孙、康两派在横滨的局势很快扭转。冯自由表示:"徐勤既抵日本,初与孙、陈时相过从,引为同志。然徐握教育权,与侨商朝夕酬酢,友谊日深,且有同学教员为辅,交际渐广。而在兴中会方面,则总理奔走各埠,无暇专注横滨,仅有陈少白、杨衢云一二人来往东京、横滨间,从事接洽,自不免有相形见绌之势。故徐勤在日本年余,而横滨之孙、康两党渐成反客为主之局。"②从他的记述可以看出,由于横滨的保皇党人员众多,并且徐勤等人善于交际,而横滨革命党仅有陈少白、杨衢云二人往来奔走帮助孙中山,所以此消彼长,横滨兴中会分会势力渐衰,而保皇党逐渐占据上风。

1898 年 6 月 11 日,清光绪帝颁布"明定国是"诏命③,康有为认为自己将有大拜之望,开始担心弟子们在横滨与革命党人来往密切,会对自己的政治前途有所不利,于是致函徐勤,要求他与革命党人断绝来往,以免受其所累。④维新变法将康有为一派暂时拉到了主流地位,而主张"革命"的一派还处于边缘地位,此时这种政治地位的差异使得两派在"尊满保皇"和"排满革命"之间的矛盾显现。于是徐勤等人开始有意疏远孙中山和陈少白,保皇和"排满"之间的矛盾开始不断激化。

尽管两派在改革中国的目的上存在共性,但囿于狭隘的"尊满"和"排满"的对立,两派的合作始终未有明显成效,而且是时革命"风气未开","维新"和"保皇"的言论本身就比"革命"和"造反"要受欢迎得多,康有为主持变法声震

---

① 吴爱萍:《从康梁到孙中山——清末民初宪政理念与实践研究》,天津人民出版社,2011 年,第 147 页。
② 冯自由:《中华民国开国前革命史》,第 27 页。
③ 桑兵主编:《孙中山史事编年》第一卷,第 182 页。
④ 茅家琦:《孙中山评传》,南京大学出版社,2001 年,第 232 页。

海内外,加上徐勤等人对变法的大力鼓吹和颂扬,横滨华侨自然纷纷归附维新派,甚至连少数兴中会会员也转移到维新阵营,这必然又加深了革命派与维新派的分歧。①

就在这个时候,横滨大同学校发生了"字条事件",这进一步激化了孙、康两派的矛盾。冯自由和陈少白都记录了这一件事。

根据冯自由的记载,某天孙中山在大同学校的会客室内见到了一张"孙文到不招待"的字条,孙中山向徐勤问责,徐勤对此坚决否认,陈荫农则坦白承认,因而引发了陈荫农与孙中山的激烈辩论,两人相持不下。校董冯镜如赶来劝解,方才暂时平息,但两派已然发生正面冲突。② 而当时横滨的侨商董事们纷纷站在徐勤一边,兴中会分会会长冯镜如与保皇派素来关系密切,他也认为孙中山不应该同徐勤闹翻。

根据陈少白的记载,当时横滨兴中会会长冯镜如及其兄弟冯紫珊态度上有明显的转变,"校内董事多人,以及许多商人,听到康有为将来要做宰相,也都偏向到那边去,对于孙先生非常冷淡,就是支会会长冯镜如与他的兄弟冯紫珊,也改变态度,其余智识稍差一点的会员自然也渐渐移动脚跟,投降到那边去,加入中国维新党(China Reform Party)了",关于"字条事件",陈少白回到横滨之后,冯镜如告知此事,表示"孙先生不应该同徐勤等闹意气,那条子不知是谁弄鬼,怎好就冤枉好人? 你回来正好,还是请你调停罢",陈少白则回复:"无论如何,这个学校是我们创办,教员是我们叫他们来的,他们决不应这样瞎闹,你这话是不对的。你试想想,这事还有什么调停的余地?"于是两方就势成水火,酿成不解之仇,不过"这时候孙先生早已搬到东京,我也就到东京去"。③

当时横滨大同学校上课所教,也均是歌颂"圣君"、誉扬新政之作,并告诫学生不要为革命"邪说"所惑,当时已加入兴中会的冯自由深受孙中山、陈少白等人"排满"救国革命言论的影响,对于康有为门徒所宣扬的改良新政很是不

① 方志钦、王杰:《康有为与近代文化》,河南大学出版社,2006年,第264页。
② 《横滨大同学校》,冯自由:《革命逸史》(上),第47—48页。
③ 陈少白:《兴中会革命史要》,第63—65页。

同意。冯自由称自己当时在论文中曾"痛言非我种类其心必异之理。略谓清主愈英明有为,则汉族愈不利,彼之厉行新政,实一种愚民政策,吾人有志救国,应从根本设想云云"①。徐勤看到了冯自由的这篇文章,对他大加训斥,告诫他不要被"邪说"迷惑,此举也让冯自由对徐勤更为失望。

　　1898年9月21日,慈禧发动政变,戊戌变法失败,②梁启超、康有为分别在平山周和宫崎滔天的护送下相继逃亡到日本东京。孙中山听闻这个消息后,以为与康、梁二人从此可以志同道合共谋革命了。梁启超并不反感革命,只是认为中国尚不具备发动革命的社会条件,然而康有为却依旧以"帝师"自居,极力反对与孙中山合作,甚至视孙中山为反对清朝皇帝的大逆不道之徒,孙中山三次造访康有为,均被拒之门外。此事在1904年的《大陆报》亦有相关报道,可以反映当年康有为对孙中山的态度:"戊戌政变,康窜至香港,孙闻信大喜,以为吾两人可引为同类矣。乃极力为之游说,凡日人之有权力者皆为先容,遣同人宫崎寅藏[按:即宫崎滔天]迎康于香港。及康至日本,舍馆既定。孙三次造访,康皆拒不见。后孙之友某日与康笔谈,偶及拒孙之故,康曰:'我是钦差大臣,他是著名钦犯,不便与见。'盖康是时方自称奉衣带诏也。"③

　　在康有为等人到日本后,横滨兴中会和保皇党的冲突也愈加激烈,甚至扩大到整个横滨华侨界。1899年1月,大同学校职员任期届满,支持兴中会的华侨要求改选,拥护康有为的华侨则主张连任,几经冲突。由于孙中山派仅有七十余人,而康有为派有三百多人,最终结果是兴中会一派失利。④

　　康有为和冯自由,也有一段交集。康有为停留日本期间,曾前往横滨拜访冯镜如,见其子冯自由少年英俊、气宇不凡,便生拉拢之意,亲笔写下"礼运大同"四字为赠,他知道冯自由还没有别号,于是题"仲和"二字作为上款。虽然当时冯自由尚还年少,但他已有主见,并不认同康门理念,而且厌恶康有为的

---

①　《横滨大同学校》,冯自由:《革命逸史》(上),第49页。
②　桑兵主编:《孙中山史事编年》第一卷,第194页。
③　清华大学历史系编:《戊戌变法文献资料系日》,上海书店出版社,1998年,第1197页。
④　桑兵主编:《孙中山的活动与思想》,北京师范大学出版社,2015年,第16页。

官场习气,因此对康有为所赠之别号拒之不用,并将其所题之墨迹撕毁扔掉,以示反康之意。①

1899 年 3 月 22 日,日本政府出于中日外交关系的考虑,要求康有为离开日本,并主动给予康有为资助,使其能够搭乘日轮前往加拿大温哥华。② 在康有为去往加拿大之前,横滨大同学校的徐勤曾主动为康有为选择英文翻译人员,由于冯自由懂英语,便与冯镜如相商,想让冯自由陪同翻译,但冯自由认为康有为"专制怪癖",加之横滨大同学校发生的诸多变化,使他对康门人士愈加反感,遂谢绝了徐勤的要求。③

康有为离开日本后,梁启超成为日本地区康党的核心领导人物,但不同于康有为的是,梁启超对于与革命党的合作一直持灵活态度。康有为离开日本,反而给梁启超和孙中山的合作带来了契机。孙中山也把合作希望转到梁启超身上,形成了孙、梁之间既合作又斗争的局面。④ 东京高等大同学校就是孙、梁尝试合作的产物。

1899 年夏天,梁启超向横滨的侨商郑席儒、曾卓轩等人筹款三千元,建立了东京高等大同学校,以便让日本的华侨学生们可以顺利升入高等学校进一步学习,同时也可以接收更多国内留学生来求学。其中冯自由所在的横滨大同学校可以推荐优等生直接升学到东京高等大同学校。冯自由不久后就转学到东京高等大同学校,与他一同转学的还有郑贯一、冯斯栾、曾广勷、郑云汉、张汝智。校舍在东京牛込区东五轩町,梁启超任校长,日本人柏原文太郎为干事。⑤

梁启超和孙中山、陈少白等人来往密切,甚至计划联合组党,所以校内教

---

① 简又文:《革命元勋冯自由》,第 3—4 页。
② 彭泽周:《从近卫日记看康有为滞日问题》,台北《大陆杂志》第 81 卷第 6 期,1990 年 1 月。
③ 《横滨大同学校》,冯自由:《革命逸史》(上),第 49 页。
④ 李吉奎:《孙中山与日本》,广东人民出版社,1996 年,第 58 页。
⑤ 石云艳:《梁启超与日本》,天津人民出版社,2005 年,第 254 页。

材,大多采用西方学者阐发自由、平等、天赋人权等学说之论著,比如《民约论》《法国大革命史》《摩西出埃及记》《华盛顿传》《英国革命史》等书籍,学生们高谈革命,讨论卢梭、福鲁斯特、罗伯斯庇尔、华盛顿等人,他们的思想自然愈加向孙中山等革命派靠拢。《清议报》也发表了《中国历代革命说略》,公开为"革命"正名。[①]

然而梁启超和孙中山来往过密,引发了远在美洲的康有为的不满和责难。1899 年 12 月 22 日,在康有为的授意下,梁启超被迫离开日本,前往檀香山负责保皇会的事务[②],东京高等大同学校校务改派麦孟华代理。

替代梁启超的麦孟华认真贯彻康有为的思想和指示,认为这些学生醉心于民族主义思想,与保皇会宗旨不符,于是告诉学生:"康先生对《清议报》上的言论,很不满意,梁启超先生的《饮冰室自由书》也表示不可再提'自由'两字!'独立'两字,也不可用,今后,大家就用'自立'两字代替。"冯自由听到了非常激愤,怒称:"你们怕老康如怕虎狼,不敢说'自由',我偏就把名字改成'自由',看谁敢侵犯我的自由。"[③]他立刻在黑板上大字写出:冯懋龙即日起改名为自由。当时同学见冯自由此举,莫不鼓掌称快。

图 2 - 3　李自重

此后数十年,冯自由均以此革命新名行于世,而"懋龙"原名罕有知者。[④] 当时广东富商李煜堂之子李炳星也在场,对冯自由的行为十分敬佩,于是也更名为李自重,取人贵自重之含义,他的妹妹李三多则改名为李自平。多年

---

① 《中国历代革命说略》,《清议报》第 31 期,1899 年 10 月 25 日,第 1—3 页。

② 关于梁启超离开日本的原因,一说是康有为不满孙、梁二人来往过密,迫使梁启超离日,一说是梁启超离日早在计划内。总之梁启超离日后,孙、梁合作也随之结束。

③ 黄肇珩、徐圆圆:《冯自由先生百年诞辰——口述历史座谈会纪实》,《近代中国》1982年第 27 期,第 60 页。

④ 简又文:《革命元勋冯自由》,第 4 页。

后,李自重在回忆录中称:"回忆此事,虽属少年意气,唯亦可见革命与保皇两派思想之争究竟如何剧烈也。"①

　　冯自由称其在东京学习期间,"渐博览《东华录》、《明季稗史》、《法国革命史》、《美国独立史》、卢骚[按:卢梭旧译]《民约论》、孟德斯鸠《万法精理》诸书,遂于平等、自由、天赋人权之学说及世界革命民族自决之源流,豁然贯通。更印证以兴中会宣誓之宗旨,若合符节,益觉实行本会宗旨之指责为刻不容缓矣"②。可以说,在东京高等大同学校的学习经历,使冯自由进一步坚定了反清救国、建立民族国家的信念,也更加服膺于孙中山的革命事业。

二　初涉报界意风发

　　不论是保皇派,还是革命派,都意识到舆论宣传的重要性,因此,两派十分重视报刊的作用。冯自由在少年时期便开始从事编辑和记者等职业,在报界中取得不错的成绩,主要是创办与编撰《开智录》和《国民报》。

1. 冯自由和《开智录》

　　孙中山与梁启超素来关系良好,并且一度有统一两党、联合救国的意愿。梁启超到日本后,孙中山亲自写信给横滨兴中会各会员,将梁启超介绍给他们。梁启超遂利用孙中山介绍的人脉资源办报。《清议报》是戊戌政变后保皇会在海外创办的第一份机关报,1898 年 12 月 23 日在日本横滨创刊,主编为梁启超,以旬出刊。《清议报》的办报宗旨是"主持清议、开发民智",一方面要求"尊皇攘后",归政光绪;另一方面继续宣传维新,倡导民权,更明确地提出君

_____

①　陈雅:《从兴中会至辛亥革命的忆述——李自重回忆录(遗稿)》,中国人民政治协商会议广东委员会文史资料研究委员会编:《广东辛亥革命史料》,广东人民出版社,1981 年,第 206 页。

②　《自序》,冯自由:《革命逸史》(上),第 9 页。

主立宪主张。《清议报》大倡保救清帝光绪之说①,这说明尽管梁启超与孙中山、陈少白等人来往密切,时而发表宣传自由平等甚至含有排斥清廷之意的言论,但终究受康有为的控制。

梁启超在创办《清议报》过程中,以冯镜如为名义上的总经理,冯紫珊为经理。冯氏兄弟较之后辈冯自由而言,思想相对保守。《清议报》上所发言论深受康有为影响,思想稍微激进一些的文章都不许刊登。梁启超赴檀香山后,麦孟华继任《清议报》主编,郑贯一(后更名为郑贯公)协助其编辑。冯自由等人将这一切看在眼里,因而十分反感康门之举。1899年,冯自由遂和郑贯一、冯斯栾等一同创立《开智录》,以"开民智"为宗旨,倡自由之言论,伸独立之民权,后期革命倾向日益鲜明,公开提出了反清革命的主张。

图 2-4 郑贯一(郑贯公)

《开智录》"专发挥自由平等真理,且创作歌谣、谐谈等门,引人入胜",当时,郑贯一号"自立",冯懋龙号"自由",冯斯栾号"自强",人称"三自"。在《开智会录缘起》中,冯自由等人高唱"新闻纸乃世界之镜也",说明了办报的原因,"仆等久怀慨愤,故于东瀛之隅,合众志士,兴起倡论,以争自由发言之权,及输进新思想,以鼓盈国民独立之精神为第一主义",并设定《开智录》的体例为"一、本会论说;二、言论自由录;三、杂文;四、译书;五、伟人小说;六、词林;七、时事笑谭;八、粤讴解心"。②

《开智录》为半月刊,借助《清议报》为印刷及发行平台,因此有《清议报》销售的地方,便有《开智录》的身影。《开智录》中的文章新奇,文字浅显易懂,并附载歌谣、谐谈、小说等有趣的作品,引人入胜,富刺激性,当时深受华侨们欢

---

① 《横滨〈清议报〉》,冯自由:《革命逸史》(上),第56页。
② 《开智会录缘起》,中国社会科学院近代研究所近代文化史研究室编辑:《中国文化研究集刊》第4辑,复旦大学出版社,1987年,第330—331页。

迎,孙中山也经常汇款接济《开智录》的经费。① 与《清议报》不同,《开智录》所刊登之文章,多是表达追求共和自由、排斥清政府、实现民族国家独立等具有现代性的主张。

图 2-5　《开智录》封面与内文

冯自由在《论演说之源流及其国民之关系》一文中强调演说对国民进步的作用,"夫演说者,自由独立之动机,而国民最大之利益也",具体而言,"人类之贵,基于能言,扩张言语之交通,增进文明之进步,其利一也;大声疾呼,喝破世人之迷梦,高低抑扬,挽回政治之思想,其利二也;学校未盛,识字者寥,以口代笔,化愚为智,其利三也;放长大之声音,用全副之精神,强肺腑之开舒,练胆色之雄大,其利四也。有此四利,我国民又何乐而不为乎? 况世界文明之运,播于全球,独立之钟,铿铿然觉醒我国民之大梦,诚生死存亡盛衰隆替之时代也"。②

---

① 简又文:《革命元勋冯自由》,第 5 页。

② "自由氏"(冯懋龙):《论演说之源流及其国民之关系》(1900 年 12 月 21 日),中国社会科学院近代研究所近代文化史研究室编辑:《中国文化研究集刊》第 4 辑,第 331—335 页。

冯斯栾在《革命之剑》一文中写道，"西儒尝谓独立、自由、平等、友爱四者为革命之剑。近世之大革命，实为历史上增一光辉，为古所未曾有。由黑暗时代，忽而成一光明之世界，劈此十八、十九两世纪之文明者，岂非此革命之剑耶"，他认为二十世纪初是中国革命的一大良好时机，而他也有志于传播近代思想、铸就革命之剑，"我支那之时局亦正适一大革命之时机也。余于是益有志于铸革命之剑焉"。①

郑贯一强调了报纸和书籍在传播近代共和思想和推动西方民主革命方面的作用，并认为办报纸是"国民应尽之义务"，政府不得压制报纸的言论："报纸者，国民应尽之义务，政府不得生阻力于其间也，若贸贸然压之制之，则其为野蛮政府也必矣。政府野蛮，则不可以为国，亦不可以为国民。欲使国为文明之国，国民为文明之国民，当先革除野蛮政府，欧美其先河矣。政府犹可以革除，而谓俯首帖耳，任其百计压制，使我国民一线之生机，淹淹然与鬼为邻，其可得乎？"②

《开智录》的撰稿者们还通过翻译日本作者关于自由、民权的一些著作来宣传革命。例如冯自由翻译了涩江保的《法国革命史》，此书指出随着西方民智渐开，到了十八世纪中叶，"慧眼达识之豪杰，缤纷并出，看破时政之非，喝醒世人之梦。迷云既拨，事物之真相渐明，曩所崇敬者不足贵，昔之妄信者不足泥，维新改良之声，逐日增喧，遂成震天撼地之大革命"③。

冯自由等人还在《开智录》上刊登政治小说，如郑贯一在《摩西传》中写摩西如何带领犹太人反抗埃及人的暴政，并回到犹太人故乡，这暗示了郑氏自己希望国人能反抗清王朝的统治和列强的压迫，进而恢复国家独立；冯自由的

① "自强"（冯斯栾）：《革命之剑》（1900 年 12 月 21 日），中国社会科学院近代研究所近代文化史研究室编辑：《中国文化研究集刊》第 4 辑，第 336 页。

② "贯庵"（郑贯一）：《论阅新闻纸之益》（1901 年 1 月 20 日），中国社会科学院近代研究所近代文化史研究室编辑：《中国文化研究集刊》第 4 辑，第 394 页。

③ ［日］涩江保：《法国革命史》，冯自由译，中国社会科学院近代研究所近代文化史研究室编辑：《中国文化研究集刊》第 4 辑，第 404 页。

《贞德传》则借助法国圣女贞德抗英救国不惜牺牲自我的故事,来宣扬为民族
独立而自我牺牲的精神。清末政治小说是当时将政治与幻想(实即文学想象)
相联系,但其关注点不在文学,而是偏擅小说"熏""浸""刺""提"的效用,以"胸
中所怀政治之议论"影响读者,进而为政治改革创造环境。①《开智录》上的政
治小说正是这一时代文学趋势的反映,借助伟人故事来表达追求民族独立、民
主革命的意愿。

此外,《开智录》还对义和团运动大加赞扬。《开智录》上所刊载《义和团》
一文中称"义和团之事可哀,义和团之精神可嘉,义和团之志可悯"②;在《义和
团有功于中国说》一文中称"霹雳一声,开廿世纪之风云;腕力高扬,张自由之
旗鼓。席卷廿一省,尽苏亿兆人。尽国民之责任,种同胞之幸福。纵事不成,
以血相继"③。可以说,《开智录》代表了当时一部分较激进的革命派人士立
场,表达了对义和团反帝斗争的同情和崇敬。④

尽管《开智录》所发表的文章已经具有较为鲜明的反对清政府的倾向,但
一直依托《清议报》发行,因此不得不受制于保皇派,始终未公开批判康梁保皇
派的思想,即使《中国旬报》发起了针对"忠君党"(即保皇党)的攻击,《开智录》
仍然一直保持着沉默。⑤《开智录》的一些作者与梁启超有师徒关系,极为推
崇梁启超,例如在梁启超改别号为"任公"后,郑贯一为了表示对梁氏的追随,
也改名为"郑贯公"。⑥

但不能否认的是《开智录》和革命派之间的密切关系,《开智录》的撰稿者

---

①　郑丽丽、郭继宁:《清末政治小说勃兴评议》,《河南师范大学学报》2011年第1期,第
167页。

②　《义和团》,《开智录》1900年第一期,路遥主编:《义和团运动文献资料汇编》(下),山东
大学出版社,2012年,第627页。

③　《义和团有功于中国说》,《开智录》1900年第六期,路遥主编:《义和团运动文献资料汇
编》(下),第688页。

④　陈匡时:《〈开智录〉与义和团》,中国义和团研究会编:《义和团运动与近代中国社会国
际学术讨论会论文集》,齐鲁书社,1992年,第878页。

⑤　宁树藩、陈匡时:《评〈开智录〉》,《复旦学报(社会科学版)》1984年第3期,第27页。

⑥　《郑贯公事略》,冯自由:《革命逸史》(上),第70页。

们和孙中山等人时有交往,而且作为兴中会会员,冯自由在一定程度上可以主导《开智录》的定位,《开智录》受到革命党的思想影响,也是很自然的。[1] 在冯自由等人的精心经营之下,《开智录》的发行传播甚至影响到了美洲地区保皇党的活动,他们为此还特意致书信给横滨保皇会,质问为何该报宗旨不同。《清议报》经理冯紫珊为了避嫌,遂不许《开智录》继续发行,并解除了郑贯公的编辑职位,《开智录》在发行半年之后,由于无所依托,最终宣告停刊。[2]

2. 冯自由和《国民报》

1900 年,冯自由进入东京专门学校(早稻田大学前身)学习政治科,依然致力于革命救亡运动。是年冬,冯自由旧时在东京高等大同学校的同学湖南人秦力山在安徽大通举行反清革命起义失败,逃亡东京,并与沈云翔、杨荫航、王宠惠等人谋划创立《国民报》月刊。《国民报》频繁发表革命的言论,措辞激昂,立论激进,遂在留学界引起反响,开启留学界革命新闻之先河。

图 2-6　今日的日本早稻田大学校园

①　宁树藩:《横滨〈开智录〉评介》,《新闻大学》1984 年第 1 期,第 90 页。
②　《横滨〈开智录〉》,冯自由:《革命逸史》(上),第 78 页。

最初,《国民报》的筹划者们担心受到清廷公使馆的干涉,于是去找留日学生中较为出名的冯自由商议,冯自由便介绍秦力山、沈云翔去横滨拜见他的父亲冯镜如。冯镜如拥有英国国籍,若以他的名义开办报纸,则可避免清廷官吏的阻挠。冯镜如欣然应允此事,于是《国民报》以他的英文名"经塞尔"的名义发行。然而受限于经费短缺等原因,《国民报》出刊四期后便停刊了。但其后载元丞又在上海发行了《大陆报》月刊,仍然沿用秦

图 2-7　《国民报》封面

力山、杨廷栋、雷奋等人执笔,继续宣传改革中国,排斥保皇的理念,可以说是《国民报》的变相延续。①

冯自由在《革命逸史》中记述了《国民报》的情况:

> 《国民报》发刊于辛丑(一九〇一年)五月十日,事务所设在日本东京小石川区白山御殿町百十番地,编辑所设在麹町区饭田町六丁目二十四番地。各记者常驻编辑所内者,有秦力山、王宠惠、卫律煌、唐才质等四人。编辑室中,四壁悬挂庚子汉口殉难之傅慈祥、黎科、蔡丞煜、郑葆丞四烈士遗照。报中内容类分八门:一社说,二时论,三丛谈,四纪事,五来文,六外论,七译编,八答问。各门作者咸不署名……此报仅出至四期而止……②

根据《国民报》的倡办章程所示,定名《国民报》的原因是"就国民应有之责任,以阐明公理",其宗旨在于"破中国之积弊,振国民之精神。撰述、选译,必期有关中国大局之急务,毋取空琐,毋蹈偏私",报刊内人员分工负责社务和报

---

① 《东京〈国民报〉》,冯自由:《革命逸史》(上),第 79 页。
② 《东京〈国民报〉补述》,冯自由:《革命逸史》(上),第 79—80 页。

务,其中负责社务者"干事四人,经理一切事务;会计一人,掌理银钱出入",负责报务者"主笔八人,任选述之事;译报四人,二人任译西报,二人任译东报;译书四人,二人任译西文,二人任译东文;编辑二人,任编纂润色之事;校对四人,任校勘之事",①可以看出整个期刊杂志社的分工比较明确。

关于创设《国民报》的背景及其报刊架构的内容,在该报"叙例"中有具体描述,反映了冯自由等人对宣传革命思想的政治诉求。冯自由等人深刻认识到已有报刊不能真正开启民智,无法传播民权思想,"顽固昏谬、颠倒黑白者,固所不论;其能主持清议、庄言正论者,则类出于外人与党人之手。夫以外人而言我国事,无论其情事之隔膜也,其立报之主义,固已别有他属,则发言固多所忌讳,而立论亦借阐宗风。若党人之报,岂不昌言无忌哉!然訾诋既多,传播不广,且表辨宗旨,日不暇给,而扬阐民义之事,固亦未遑多暇。此报章之设垂三十年,而国民所以终未见发达也",于是"同人痛之,不揣固陋,谋刱[创]是报,发其狂愚,月出二册,都为八门。名曰《国民报》,冀明我国民当任之责,振我同胞爱国之心",他们创办《国民报》,目的就是唤起国民精神,"若以唤起国民之精神,讲求国民之义务,自附于播种、培根之末,或亦自尽国民之责欤。大雅君子倘亦有乐于是欤!民智渐开,民气渐奋,安见今日服从专制之人,不足抗衡于欧美,而享西国国民所享之人权也"。②

"叙例"还详述了《国民报》所刊八个门类:

> 言论自由,文明之址。强聒不舍,顽懦兴起。参综众长,潘笔乐旨。风雨如晦,嘐嘐不已。先有鸡鸣,后乃天曙。匪日空言,聊附斯义。录社说第一。
>
> 廿纪大地,风尘莽莽。况我极东,万马所向。指论事势,风云气壮。睠[眷]怀大局,庶焉心赏。录时论第二。

---

① 《倡办〈国民报〉简明章程》,《国民报》第1卷第1期,1901年,第1—4页。
② 《〈国民报〉叙例》,《国民报》第1卷第1期,1901年,第1—3页。

危词忧时,微言谭道。衍奇朔谐,挥翰奋藻。九天九渊,游思所到。纵笔放言,穷其突奥。匪曰碎金,庶为杂俎。录丛谈第三。

盲古陆沈[沉],曩哲所鄙。兵志有言:知彼知己。风云百变,望背接趾。本末纪事,古史成例。敢援斯义,为今世史。录纪事第四。

贾山至言,长沙痛哭。时贤伟论,匡谬正俗。大雅不弃,助我张目。宁有退心,尔音金玉。录来文第五。

黄人祸害,欧人隐情。黄种膨胀,欧人所惊。保全分割,急激和平。此唱彼和,群议盈廷。闻者足戒,先睡后醒。勿谓谬言,启蛰之霆。录外论第六。

欧美政学,云烂霞蒸。书报千亿,伟论觥觥。日濡欧化,国势勃兴。彼耕我获,掇秀撷英。恢我民智,输进文明。录译编第七。

主客设难,究诘事理。此送一难,彼通一义。庶几明辨,阐发宗旨。录答问第八。①

《国民报》体例完善,内容丰富,某种程度上可作为二十世纪初青年学子办报宣传革命的代表。该报第 1 卷第 1 期所刊载的《自由不死》《民权》《说国民》《天赋权与强权之说》等文章介绍了西方近代政治概念,尤为强调自由、民权、共和、天赋人权等近代价值观,可见清末民初之时近代天赋人权观念对青年学子群体影响至深。此外《国民报》还刊载了《俄国政体》②、《俄亚之关系》③等文章,对沙俄的侵华野心做了一定的介绍和分析,提高了中国人民对沙俄侵占我国东北领土的警觉性,对以后的拒俄运动发挥了一定的舆论宣传作用。④

《国民报》创刊于 1901 年农历五月十日,终刊于同年农历八月十日,期数

---

① 《〈国民报〉叙例》,《国民报》第 1 卷第 1 期,1901 年,第 1—3 页。
② 《俄国政体》,《国民报》第 1 卷第 1 期,1901 年。
③ 《俄亚之关系》,《国民报》第 1 卷第 4 期,1901 年。
④ 郝瑞庭、白云涛主编:《中国二十世纪纪事本末·第一卷(1900—1926)》,山东人民出版社,第 68 页。

虽少,但影响广泛,对反清革命起到了很好的宣传作用。因此到了1904年,《国民报》上所刊发的文章被汇编成册,其发刊词曰:

> 毒蛇横道,烈焰轰天。玄黄色变,腥风扑人。天惨地黩,雾塞云昏。睠[眷]念黄族,其形其状,莫可穷诘,自私之祸,终无出入。衣钵相传,胶漆若合,骷髅死尸,人类其绝。哀哉悲哉,遭此之遇,当此之势,处此之运。其将如斯民何哉!大祸临头,为时匪远,岂将永永堕落泥犁地狱,而勿自拔哉!数年以来,抱民族之主义,慨压制之苦痛,热心如浪,血泪如涌,挟其满腔不平之气,鼓吹其聪明秀丽、如笙如簧、粲花翻烂之笔,以与政府挑战者,颇不乏人。是报始创于辛丑,长狮一吼,百兽震恐,盖吾国开幕民族主义之第一龂[出]。至此始交排场,倡独立之玄素,播革命之种子,光焰万丈,开作璀璨自由之花,出现于渊海,波涛如青凤之翱翔,如祥云之布获,我同胞之精神赖以昭苏,我同胞之灵魂为之震荡,我同胞其能乘潮急进,光复我祖国,从此人持一粒火,不化异族为灰烬而不止乎!今日者,取彼良师,资我国民。爰丛编一册,付印成书,想亦热心爱国诸君子所乐赞成者也。
>
> 黄帝降生四千三百九十五年岁次甲辰六月①

此文开篇采用四字排比诗句做铺垫,用夸张的手法勾勒出一副华夏大地天翻地覆、大难临头之景,表达了内心慷慨激昂、热血沸腾的民族主义情绪,并叙述在此种情景下创立这份报纸向清政府挑战的决心,坚定地传播自由的精神与革命火种,以此来振奋国民精神,从而"光复"华夏中国。

---

① 《〈国民报汇编〉发刊词》,罗家伦主编:《中华民国史料丛编介绍》第一集,台北:中国国民党中央委员会党史史料编纂委员会,1968年,第63—64页。

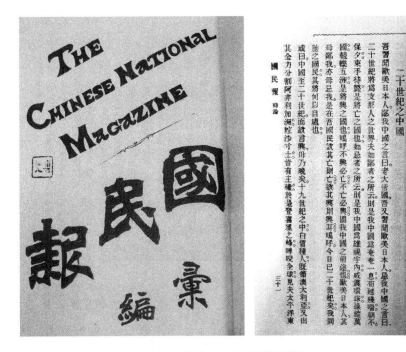

图 2-8 《国民报汇编》

三 青年华侨革命团

冯自由除了参与创办报纸以宣传革命思想外,还积极参加实际革命运动,主要是参与组建青年华侨革命团体,通过社团组织的力量提升自身的革命斗争能力。冯自由参与的青年华侨革命团体主要有三个,即广东独立协会、"支那亡国纪念会"、壬寅青年会。

1. 冯自由和广东独立协会

1901 年,东西方各报纸上忽然有传言清廷欲将广东割让给法国,这引发了留日粤籍学生的恐慌与愤懑,于是由冯自由、冯斯栾、郑贯一、李自重、王宠惠、梁仲猷等人发起建立广东独立协会,主张广东宣告独立,许多留日华侨都积极参与,会员达两百余人。这里的所谓"主张广东宣告独立",并不是说把广东从中国分离出来,而是针对当时传言清廷将把广东割让给法国,不想做亡省之人的冯自由等粤籍留学生先发制人,表示广东宁可脱离清廷,也不愿沦为法国的殖民地。

　　当时孙中山住在横滨,对他们的行为十分欣赏,极力襄助,因此冯自由、郑贯一等人经常到位于横滨前田桥的孙中山住宅处商议事情,孙中山与兴中会会员黎炳恒、温炳臣、陈和等人殷勤招待,他们甚至在孙宅"流连竟日",①这是粤籍留日学生与兴中会合作的开始。②

　　在发起建立广东独立协会的同一年,冯自由所译的德国学者那特硁(Karl Rathgen)著《政治学》一书出版,一共四十万字左右,其文辞经过当时在青年学子中具有较大影响力的章太炎润色。

　　冯自由与章太炎相识于1899年的夏天。此前,章太炎曾因戊戌政变的牵连而前往台湾避难,在台湾期间他痛思过往,并于台北《新报》上发表文章劝告康有为、梁启超辨别"种族",勿再效忠作为"鞑虏"的清室。在横滨主办《清议报》期间的梁启超与孙中山来往密切,梁氏受章太炎影响,逐渐接受部分"种族革命"理念,又对章太炎的文章十分赞赏,于是写信邀请章太炎前往日本与孙中山共商国是。章太炎欣然接受,前往东京,并下榻于梁启超寓所。

图 2-9　章太炎(章炳麟)

　　而在那时,十八岁的冯自由就读于横滨高等大同学校,梁启超在该校选择优级生到东京小石川区梁宅讲授中国文史学,冯自由、冯斯栾、曾广勷、郑云汉四人作为优秀学生被选中。冯自由等人遂与章太炎在梁启超的寓所相处十余日,聆听章太炎讲学,自觉受益匪浅。然而当时冯自由"未谙国语",只能借助

---

　　①　《广东独立协会》,冯自由:《革命逸史》(上),第80页。
　　②　冯自由:《华侨革命开国史》,第46页。

纸笔书写传达意见。冯自由曾回忆章太炎在其纵论黄梨洲(宗羲)、王船山(夫之)二人的学术笔谈末尾处写着"足下聪颖如此,卓公之衣钵有传矣"。① 章太炎认为冯自由聪颖异常,可以作为梁启超的学术传人。彼时,少年冯自由受教于梁启超,师徒关系融洽。但若干年后的冯自由再回述此事,不免产生今昔对比:"庸讵知数载后,余与任公因政见冲突,师徒遽成永不可解之仇敌耶。"② 人生无常,师徒陌路,令人唏嘘。

　　1900 年 6 月,唐才常在上海张园组织"中国国会",与会者公推容闳为会长,严复为副会长,唐才常为总干事,章太炎也参与其中。自立军失败之后,唐才常等人被杀,列名"中国国会"的章太炎也被追捕,1902 年 2 月 22 日再度流亡日本。③ 此时梁启超正在日本设立广智书局,需要大量翻译日文书籍,于是聘章太炎去为译文修改润色,章氏因此结识了活跃在日本的革命华侨们。④

图 2 - 10　自立军首领唐才常　　图 2 - 11　中国第一位　　图 2 - 12　严复
　　　　　　　　　　　　　　　　　　留美博士容闳

① 武昌辛亥革命研究中心组编,严昌洪主编,肖宗志、管龙陵编:《辛亥革命史事长编》第 2 册(1898.1—1900.12),第 166 页。
② 《记章太炎与余订交始末》,冯自由:《革命逸史》(上),第 216 页。
③ 余杭章太炎故居纪念馆编:《章太炎逝世八十周年暨章太炎故居保护开放三十周年纪念文集》,上海人民出版社,2017 年,第 339 页。
④ 李新宇:《帝国黄昏 1840—1911:大清帝国最后的一抹笑容和悲怆》,广东人民出版社,2012 年,第 149 页。

章太炎在日本与冯自由一起住在东京牛込区旅社，章太炎素有羊痫风之旧疾，一次外出归来，突然发作，幸得冯自由在场请来医生，才得以缓解。① 当时冯自由正在为广智书局翻译日本帝国大学德国教授那特硁博士《政治学》一书，章太炎也煞费苦心地帮冯自由润色。当时中国学界对于日文名词翻译起来颇费斟酌，冯自由举例称："如'社会'一字[词]，严几道译作'群'，余则译作'人群'或'群体'；'经济'一字[词]，有人译作'生计'或'财政'，余则勉从东译。太炎对此不置一词。然'社会''经济'二语，今已成为吾国通用名词矣。"②

2. 冯自由和"支那亡国纪念会"

1902 年（壬寅年），章太炎提出，欲鼓吹"种族革命"，"非先振起国人之历史观念不可"，于是发起组织了"支那亡国二百四十年"纪念活动，得到孙中山、冯自由等人的积极支持，遂计划于农历三月十九日（明朝崇祯皇帝自尽于煤山的日子）举行纪念活动，以此纪念"中国"（华夏）"亡"于清之痛史。章太炎定名为"支那亡国二百四十二年纪念会"，并亲撰宣言书（又称《中夏亡国二百四十二年纪念会书》），内称："自永历建元，穷于辛丑，明祚既移，则炎黄姬汉之邦族亦因澌灭。顾望皋渎，云物如故，维兹元首，不知谁氏？支那之亡，既二百四十二年矣。民今方殆，寐而占梦，非我族类，而忧其不祀。觉痦思之，毁我室者，宁待欧、美？……愿吾滇人，无忘李定国。愿吾闽人，无忘郑成功。愿吾越人，无忘张煌言。愿吾桂人，无忘瞿式耜。愿吾楚人，无忘何腾蛟。愿吾辽人，无忘李成梁……嗟乎！我生以来，华鬈未艾，上念阳九之运，去兹已远，复逾数

---

① 《记章太炎与余订交始末》，冯自由：《革命逸史》（上），第 216 页。
② 冯自由：《吊章太炎先生》，《制言》第 25 期，1936 年，第 1—2 页。

稔,逝者日往,焚巢余痛,谁能抚摩? 每念及此,弥以腐心流涕者也! 君子!"①

冯自由在《革命逸史》中详细记叙了"支那亡国纪念会",在宣言书发布后,鉴于孙中山和梁启超在留日学界的影响力,章太炎曾邀请孙中山、梁启超做赞成人,并将宣言书邮寄给横滨《清议报》,拜托梁启超代为宣传。孙中山和梁启超都十分赞成此事,不过梁启超随后又复信给章太炎,称此事只可心照不宣,不必因此署名,故而宣言书中并没有梁启超的名字。根据冯自由的记述,该会的发起人有章炳麟、秦(鼎彝)力山、冯自由、朱菱溪、马和(君武)、王家驹、陈犹龙、周宏业、李群(彬四)、王思诚等人,赞成人为孙中山,②会期原定于农历三月十九日。③

然而,在日本外务省档案的记叙中,该会由章太炎、秦(鼎彝)力山、周逵(宏业)、唐蟒、马同(君武)、冯懋龙(自由)等十余人发起,订期于4月27日上午10时借东京上野精养轩举行纪念仪式。会约前三条为:(一) 本会无论官商士庶,凡属汉种,皆可入会,和人(日本人)有赞成者,待以来宾之礼;(二) 本会不取捐资,乐捐者听;(三) 本会每岁开设二次,会期临时择定,要以阳历四月、九月为限。④

上述两处的记叙,在参会人员和日期上有一定差别。关于这个问题,日本

① 上海人民出版社编,徐复点校:《章太炎全集·太炎文录初编》,上海人民出版社,2014年,第192—193页。孔祥吉和村田雄二郎认为冯自由书稿中收录的宣言书可能是在香港《中国日报》等处刊布的"印刷旧稿",而非"支那亡国纪念会"在东京印制发布的宣言书原件,或许宣言书后的会约事后已经没有意义,故被删去。至于宣言书的文字改动是由太炎本人所做或是革命党中他人所为,已经难以考清。不过,今后的研究理应以日档所载之原件为准,这一点似无疑义。参见孔祥吉、[日]村田雄二郎:《一九〇二年东京"支那亡国纪念会"史实订正》,《历史研究》2007年第3期,第182页。

② 刘泱泱编:《樊锥集　毕永年集　秦力山集》,湖南人民出版社,2011年,第191—192页。

③ 《章太炎与"支那亡国纪念会"》,冯自由:《革命逸史》(上),第54页。

④ 《集会通启》,日本外务省档案《在本邦清国留学生关系杂纂》卷3,转引自桑兵主编:《孙中山史事编年》第一卷,第341页。

学者村田雄二郎认为,"支那亡国纪念会"带有强烈的反满色彩,一旦公之于众,留学生本人,或是其家人,即很有可能遭到清政府的打击与迫害。据日档记载,有的官费留学生,因参加反政府活动,一旦被公使馆得知,很快就会被停止发放学费及生活费。因此,东京的留日学生,即使参与发起,也不愿意以真名实姓见诸文字,这是造成冯自由的记载与日档不符的最主要原因。当然,也不能排除冯自由因为年长日久,记忆多有失误这一可能。总之,要讲"支那亡国纪念会"发起人,似应以日档所记为准。① 笔者认为可能由于冯自由是作为当时的参与者记录了此事,而日本外务省则也许是受到清廷驻日公使馆的施压而调查获知该消息,故而导致了记载差异。

如果了解当时政治环境就可明白,清廷驻日公使蔡钧得到这个消息后,自然不能坐视不管,于是向日本政府施压,根据孔祥吉与村田雄二郎的考证,"很可能是清廷驻日公使蔡钧寻找福岛安正出面,向外务省施加影响……在'支那亡国纪念会'召开之前,日本政府便阻止了在精养轩的集会"②。

图 2-13　东京上野精养轩

图片来源:http://currycell.blog.fc2.com/blog-entry-2764.html？sp。

① 孔祥吉、[日]村田雄二郎:《从东瀛皇居到紫禁城——晚清中日关系史上的重要事件与人物》,广东人民出版社,2011年,第316页。

② 孔祥吉、[日]村田雄二郎:《一九○二年东京"支那亡国纪念会"史实订正》,《历史研究》2007年第3期,第185页。

　　冯自由在《革命逸史》中记述日本警方为取消集会事而请章太炎等会议发起人到警局谈话一事。据冯自由记述，章太炎长衣广袖，手执羽扇，模样特别引人注目，"警长首问各人籍贯为清国何省人。太炎答曰：'余等皆支那人，非清国人。'警长大讶，继问属何阶级：'士族乎？抑平民乎？'太炎答曰：'遗民。'"。此时章太炎已不再承认自己是大清子民，而是以"支那"遗民自居。日本警察听闻章太炎此语，以严厉态度警告："诸君近在敝国设立'支那亡国纪念会'，大伤帝国与清国之邦交。余奉东京警视总监命制止开会。明日精养轩之会，应即解散。"章太炎认为此时与日本警察继续争执也无济于事，也只能"无言而退"。①

　　集会被迫取消，但按时前来的华侨学生与侨胞们并未收到消息，程家柽、汪荣宝等数百人都云集会场。到场后发现上野精养轩门前及不忍池附近已经布满日本警察，并宣告禁止中国人在此开会，来到此地的华侨们都被劝告解散。4 月 27 日（农历三月二十日）这一天，孙中山也由横滨赴东京，准备参加该纪念会，②到达后才知道清廷使领馆借助日本警察干涉此事，于是他与众人在精养轩聚餐，以此躲避日本警察的干扰。

　　孙中山回到横滨后，便邀请诸多同志在永乐楼开会补办纪念仪式，冯自由也列席在侧。冯自由记述道："是日下午，章太炎及秦力山、朱菱溪、冯自由四人应约莅会，同举行纪念式于永乐楼，横滨会员列席者六十余人。总理主席，太炎宣读纪念辞。是晚，兴中会仍在此楼公宴太炎等，凡八九桌，异常欢洽。总理倡言各敬章先生一杯，凡七十余杯殆尽，太炎是夕醉不能归东京云。"③

　　另一方面，章太炎亲撰并委托《清议报》等进行宣传的《宣言书》也早已发出，在日本留学界及华侨界影响甚广，在香港的陈少白则将其全文发表在《中国日报》上，并且正式开会举行纪念仪式。香港、澳门、广州各地热衷革命之人听闻此消息，莫不振奋。

---

①　《章太炎与"支那亡国纪念会"》，冯自由：《革命逸史》（上），第 54 页。

②　桑兵主编：《孙中山史事编年》第一卷，第 340 页。

③　冯自由：《华侨革命开国史》，商务印书馆，1947 年，第 46—47 页。

"支那亡国纪念会"虽然未按时隆重举办,并因复杂的政治因素而流产,但其影响甚大。冯自由在《革命逸史》中称"其后留学界中爱国团体缤纷并起,其导源于亡国纪念会也"[1]。1903年,海内外许多报刊都不再使用皇帝年号纪年,而开始用黄帝纪年、孔子纪年或其他纪年方式。这种改变表现了对大清统治合法性的不认可。在"支那亡国纪念会"的影响下,包括冯自由在内的一批留日知识分子深受传统"华夷之辨"与西方民族主义思潮的双重影响,逐渐转型成为民族主义者,他们致力于推翻清政府在中国的统治,建立具有现代意义的民族国家。

图 2-14　1900 年冬,孙中山与起义失败的自立军骨干人物在日本东京合影。左起:尤列、唐才质、孙中山、秦力山、沈翔云

3. 冯自由和壬寅青年会

清末留日学界中最早的组织是沈翔云等组建的"励志会",成立于1900年,但不是真正意义上的革命团体。桑兵先生认为:"沈翔云等人立会之意,显然是想改变留日学界的散漫状态,以统一的组织形式推进革新变政的宗旨宣

---

① 《章太炎事略》,冯自由:《革命逸史》(上),第51页。

传,因而力求使团体为全体或多数同学所能接受,形成具有一定政治倾向的联谊组织,将几部分学生中对群体事务感兴趣者结为一体。这表明留日学界随着人数的增长,群体意识开始形成。对于政治派属的分界,他们还不大在意。其创议各人宗旨上大体属于当时所谓'革政派',而不是革命派。"①

励志会最初的宗旨仅在于留日学生交换信息、联络感情,并无明显的革命特色,随着参会人数增多,革命色彩才逐渐浓厚。冯自由称:"会中有激烈、稳健二派,沈云翔、戢元丞、程家柽、杨荫杭、雷奋等属前一派,庚子(一九〇〇年)八月,汉口唐才常之役,曾有数人参与其事。"②被称为"稳健派"的章宗祥、曹汝霖、吴振麟、王璟芳等人和清政府官场中人来往逐渐密切,凡是遇到清廷派官员来日本考察,这些人便出任翻译。"稳健派"以左右逢源、明哲保身的"稳健"之术自处,而"激烈派"则视"稳健派"正在堕落而十分鄙视,目为官场走狗,两派势如水火。③

而后随着清廷发布"变法"上谕,推行"新政",并开始劝导留学生回国任职,④在功名利禄的诱惑下,励志会中的"稳健派"纷纷倒向官场,部分激进派也开始动摇,而在少数坚定的激进派眼里,励志会逐渐堕落了。当章炳麟于1902 年发起组织"支那亡国纪念会"时,励志会中的激进派积极响应。不过随着"支那亡国纪念会"中途夭折,励志会基本上停止了活动。于是到了 1902 年的冬天,一些年轻的留日学生主张发起一个新的留日团体,"以民族主义为宗旨,以破坏主义为目的"。

对于这个团体的名字,留学生们颇费一番心思。最初有人以意大利统一运动中有"少年意大利"党为典故,主张定名为"少年中国会"。但是经过再三考量,他们参考先前"支那亡国纪念会"的例子,担心"少年中国"这四个字革命

---

① 桑兵主编:《清末新知识界的社团与活动》,北京师范大学出版社,2014 年,第 131 页。

② 《壬寅东京青年会》,冯自由:《革命逸史》(上),第 83 页。

③ 张湘炳:《史海抔浪集:陈独秀并辛亥革命问题研究》,天津社会科学院出版社,1993年,第 70 页。

④ 白寿彝、周远廉、龚书铎主编:《中国通史》上册,上海人民出版社,2015 年,第 624 页。

含义过于明显,容易招致清政府当局的注意,于是决定采用较为隐晦的名字,即"青年会",实则暗含"少年中国"之义。

青年会是日本留学界较早的革命团体,发起人多为早稻田大学的学生,冯自由记叙,发起人有"叶澜、董鸿祎、张继、秦毓鎏、汪荣宝、周宏业(伯勋)、谢晓石、张肇桐、蒋方震(百里)、王家驹(伟人)、嵇镜、吴绾章、钮翔青、萨端、熊垓、胡景伊、苏子谷(曼殊)、冯自由、金邦平等二十余人"①。由于青年会是壬寅年间在东京成立,所以也称壬寅东京青年会。

作为最初的发起人之一,苏子谷,即后来大名鼎鼎的苏曼殊,与冯自由有特殊的联系。

图 2-15 苏曼殊

苏曼殊是在金邦平退会后经冯自由介绍入会。青年会成立后不久,金邦平受励志会"稳健派"的章宗祥劝说,以明哲保身自居而退出青年会,冯自由便介绍了其在横滨高等大同学校时的同学苏曼殊入会。

冯自由在《革命逸史》中称自己与苏曼殊是"总角之交",在日本同窗三载。冯、苏二人于1898年同入大同学校,并很快成为好友。冯自由在自己的书房中贴了一副自撰对联:"大同大器十七岁,中国中兴第一人。"苏曼殊对这副对联大加赞赏,认为冯自由"少有成人之风,胸怀凌云之志"。在两人的交往中,苏曼殊渐渐被冯自由的这种激情感染,投入火热的保家卫国的革命事业中。②

在苏曼殊逝世以后,世人对其身世猜测臆断颇多,为此,冯自由写下《苏曼殊之真面目》一文:"己亥(一八九九年)曼殊十六岁,在横滨大同学校读书时,教员陈荫农尝因某事语乙级学生曰:'汝等谁为相子(Ainoko)者举手?'于是举手者过半,曼殊亦其中之一。日语'相子',即华语混血儿或杂种之谓。旅

---

① 《壬寅东京青年会》,冯自由:《革命逸史》(上),第83—84页。
② 彭训文:《忏尽情禅空色相:苏曼殊传》,北京联合出版公司,2012年,第32页。

日华侨咸称华父日母之混血儿曰'相子',曼殊固直认不讳。或者不察,妄断曼殊为日再醮妇之油瓶儿,岂不冤哉?"①冯自由写此文,意在证明苏曼殊是其父在日本与日妇同居时所生,是华父日母的混血儿,是中国人而非"倭种",这也足以见当时民族主义观念对青年学子影响之深。

冯自由称"曼殊于壬寅前,尚未萌革命思想,故'支那亡国纪念会'之发起,余未敢约其署名",壬寅青年会成立后正是苏曼殊来到东京后的第二年,他的交际圈子较为狭窄,交往的大多是同乡学生,而冯自由则在此时介绍他加入青年会。冯自由认为苏曼殊在少年时期资质鲁钝、文理欠通,并未有文采过人之处,但是在加入青年会后,苏曼殊开始与各地豪杰交往,并文思大进。他心系时局,面对中国内忧外患的局面,曾写下"蹈海鲁连不帝秦,茫茫烟水著浮身。国民孤愤英雄泪,撒上鲛绡赠故人""海天龙战血玄黄,披发长歌揽大荒。易水萧萧人去也,一见明月如白霜"②等用典巧妙、文采出众又气势澎湃的诗句。可以说,苏曼殊走上革命之路,里面就有冯自由的影响。

根据冯自由的记述,在介绍苏曼殊入会后不久,他自己就回国了,"余是时绍介苏子谷入会后,即以事返国",一直到1903年才回到东京,"及癸卯夏至东京时,则青年会员多已从事于拒俄义勇队工作矣。是会编译之新学书籍,计有《法兰西大革命史》及《中国民族志》数种。是会成立之初,余亦发起人之一,成立之日,在东京全体会员咸齐集会所拍照纪念。事前余适因事返国,故未参与"。③

冯自由这里提及的"因事返国",实即归国结婚。简又文在《冯自由传》中写道:"自由与台山李自重同学于东京,以年龄相若,志趣相同,成为莫逆交。自重即介绍其妹自平与论婚,男女两方既藉邮传情意,交换相片,同心结合,后得双方家长之赞成,自由遂买棹回国。自重、自平之父为香港殷商李煜堂,祖

---

① 《苏曼殊之真面目》,冯自由:《革命逸史》(上),第126页。
② 《以诗并画留别汤国顿》,柳亚子编:《苏曼殊全集》,当代中国出版社,2007年,第26页。
③ 《壬寅东京青年会》,冯自由:《革命逸史》(上),第84页。

父则仍居广州河南,故婚礼在粤垣举行,其时为光绪二十八年,风气未开,礼俗守旧。自由早已剪发易服,惟于大典中尚不得不戴假辫,衣清服也。婚后,夫妇同赴香港。自平饱受教育,热心爱国,与夫婿并为革命同志。以后五十余年,两人同为革命努力,为国家服务,爱情专一,白发偕老,足为世矜式矣。时自由二十一岁。"①

图2－16　冯自由李自平夫妇

冯自由夫人李自平,也在日本接受了新式教育,她的父亲李煜堂是旅居香港(英占)和日本的侨领革命先进。李自平在婚后加入了同盟会,献身于革命,黄花岗起义所用的红旗就是她亲手制作的。她还秘密参与制造青天白日旗,并来往于广州、香港之间,为革命同志运输子弹、炸药和其他武器。② 中华革命党成立后,她也加入其中。1921年,李自平参加组织北伐军出征军人慰劳会,担任庶务副主任。冯自由与李自平夫妇都是热忱的革命志士,这在他们给子女取名时都有所反映,冯自由膝下三子的名字分别是成功、成仁、成志,而两女是良玉和红玉。③

成婚后第二年,即1903年(癸卯年),冯自由带着妻子来到日本,受聘为香港《中国日报》驻日记者。冬月,冯自由与梁幕光、胡毅生等在横滨筹组洪门三合会。1904年,横滨洪门三合会成立,冯自由夫妇都加盟其中,冯自由还被封为"草鞋"(或"巡风",即将军),李自平则被封为"纸扇"(或"香主",亦称"白扇"),即军师,按品级来算,李自平高于冯自由。④ 彼时冯自由夫妇选择加入

①　简又文:《革命元勋冯自由》,第8页。

②　《中华民国旗之历史》,冯自由:《革命逸史》(上),第27页。

③　黄肇珩、徐圆圆:《冯自由先生百年诞辰——口述历史座谈会纪实》,《近代中国》1982年第27期,第73页。

④　至于李自平的级别为何高于冯自由,目前暂无史料说明,简又文在《革命元勋冯自由》一书中也称"原因未详"。

洪门,也许只是想为革命另辟一路,当时他们大概不曾想到,正是因为与洪门的这一层渊源,几年以后冯自由才得以在洪门致公堂的帮助下顺利筹款,为辛亥革命提供了大量资金支持。

壬寅青年会的成立,一定程度上还可以说是响应了孙中山的号召。在1902年年初,孙中山与刘成禺、程家柽等集议发动留学界,孙中山鉴于"中和、兴中,皆为海隅下层之雄,中国士大夫,尚无组织",乃邀集刘成禺、冯自由、程家柽、程明超、李书城等人于东京竹枝园饭店举行秘密会议,"决定分途游说各省学生及游历有志人员"。孙中山表示:"此会可谓中国开天大会。历朝成功,谋士功业在战士之上,读书人不赞成,虽太平天国奄有中国大半,终亡于曾国藩等儒生之领兵。士大夫通上级而令下级者也,马上得之,不能马上治之,况得之者,尚在萧、曹、陈诸人之定策乎? 士大夫以为然,中国革命成矣。"[①]壬寅青年会的成立及日后行动,也正契合了孙中山希望留学界参与革命的意愿。

壬寅青年会成立后第二年,即1903年,在日本的各省同乡会成立,青年会的会员大多被推选为同乡会的编译员,在同乡会中宣传青年会的会旨,以扩大革命影响范围。

同一年,在日留学生听闻沙俄出兵东北三省的消息,十分激愤,在东京的各省同乡会纷纷开始研究对策。钮永建提出发起组织拒俄义勇队,秦毓鎏、叶澜等人十分赞成,联名起草传单,定期在神田锦辉馆开大会,有五百余学生参加。但是清政府担心学生会反叛,驻日公使蔡钧请日本政府勒令解散义勇队,制止留学生练习兵操。冯自由称"学生等以报国无路,莫不义愤填膺、痛哭流泪。至是青年会同志乃分向各省同乡会大倡革命排满之说,由秦毓鎏起草意见书发挥民族主义,痛诋清廷之媚外虐民,义勇队员咸为感动。叶澜、董鸿祎、程家柽、秦毓鎏等更联合队员中宗旨坚定者,秘密改组为军民教育会,是为拒俄义勇队之变相"[②]。经过此番曲折,部分留学生们对清政府彻底丧失信心,

---

① 刘成禺:《先总理旧德录》,《国史馆馆刊》创刊号,1947年12月,转引自桑兵主编:《孙中山史事编年》第一卷,第356页。

② 《青年会拒俄义勇队》,冯自由:《革命逸史》(上),第86页。

决心投入反清革命之路。

当时投身革命的青年学子对清政府持鄙夷痛恨的态度,而对于革命则充满了近乎理想与浪漫的想象,他们下笔豪放,既感慨祖国沉沦之痛,又充满报效祖国的豪情壮志。此种气概从当时青年的诗词中便可窥见一斑,如蒋智由(观云)的"落落何人报大仇,沉沉往事泪长流。凄凉读尽支那史,几个男儿非马牛"①,陈去病的"舵楼高唱大江东,万里苍茫一览空。海上波涛回荡极,眼前洲渚有无中。云磨雨洗天如碧,日炙风翻水泛红。唯有胥涛若银练,素车白马战秋风"②,秋瑾的"万里乘云去复来,只身东海挟春雷。忍看图画移颜色,肯使江山付劫灰。浊酒不销忧国泪,救时应仗出群才。拼将十万头颅血,须把乾坤力挽回"③。他们不但笔下藏锋、针砭时弊,更希望投笔从戎,来建立理想中的现代民族国家和民主政权。

尽管拒俄义勇队未能顺利组建,但参与其中的人,多成为日后革命之中坚力量,"近年来为国流血者,均此中人也。而操政权握军符执学界之牛耳者,亦不乏人"④。

作为青年会发起的主要成员之一的无锡人秦毓鎏,珍藏着当年组织成立时的照片。秦毓鎏于1937年因病逝世,是年4月21日,冯自由前往无锡小娄巷秦府吊丧,忆及峥嵘往事,心中无比感慨,并致挽联曰:

忆昔年扶桑设会,长沙设学,无锡设府,原期国复民苏,谁料破碎河山有今日!

与吾子辛丑同砚,壬寅同盟,民元同事,忽告山颓木坏,此后搜寻

---

① 蒋智由:《有感》,罗宗强、陈洪主编:《中国古代文学作品选》第四卷(明清近代卷),高等教育出版社,2004年,第384页。

② 陈去病:《中元节自黄浦出吴淞泛海》,季镇淮等选注:《历代诗歌选》(下册),中国青年出版社,2013年,第399页。

③ 秋瑾:《题〈万里江山图〉应日人之索》,罗宗强、陈洪主编:《中国古代文学作品选》第四卷(明清近代卷),第386页。

④ 《青年会拒俄义勇队》,冯自由:《革命逸史》(上),第84页。

史实向何人?[1]

秦毓鎏去世后,其家人将三十余年前的青年会照片和当时一众已故革命好友所作的笔记赠予冯自由,作为创建民国的史料见证。数年以后,面对一众革命旧友离世,而当年声名远播的青年会早已不复闻于世的现状,冯自由不由唏嘘,心生物是人非之感。

1898 到 1903 年这五六年间,冯自由从意气风发的舞象之年,跨过了热血沸腾的弱冠之年,在孙中山及其革命精神的引领下,和一众志同道合的好友从此走向了"行路难"的革命之路,抛头颅、洒热血,矢志不渝,大有李白诗中"少年负壮气,奋烈自有时"的豪杰气概。

对于这几年的办报和组会经历,冯自由亦有题诗:

《开智录》倡平等说,《国民报》撞自由钟。
二四六年亡国痛,青年思想自陶融。[2]

---

① 《青年会拒俄义勇队》,冯自由:《革命逸史》(上),第 84 页。
② 《自题〈革命逸史〉十首》,冯自由:《革命逸史》(下),北京:新星出版社,2016 年,第 1009 页。

第三章

香港分会风云起　美加筹款革命举

香港对孙中山及辛亥革命而言都有着特殊的重要地位。孙中山曾在香港度过了关键的教育阶段,从 1883 年至 1892 年,孙中山的香江岁月是其成长阶段的关键时期,他不但在香港接受西方教育、受洗入教,也在香港广结好友,为以后的革命事业奠定了深厚的基础。香港可以说是孙中山革命事业的起点,孙中山重视在香港地区进行革命活动,这就自然使香港与辛亥革命发生了密切联系。比如香港是孙中山"弃医从戎",逐步形成革命思想的发祥地;香港是早期民主革命运动的指挥中心和活动基地,兴中会和同盟会曾先后在香港建立分支机构;革命派在香港筹办的《中国日报》,成为革命党人从事革命宣传活动的舆论阵地;香港还是孙中山等策划反清武装起义、输送武器弹药、筹集起义军费、联络海内外革命志士的后方基地。其中的香港同盟会分会和《中国日报》,都涉及冯自由为之做出的巨大贡献。

一　香港同盟会史要

在叙述香港同盟会分会和《中国日报》之前,先需要阐释孙中山成立同盟会以及派遣冯自由赴香港的相关背景。

关于同盟会的组建,其实早在 1898 年,在冯自由父亲冯镜如的撮合下,孙中山就曾与梁启超有联合组建新党的计划,但是受到康有为的阻挠而搁浅。同年冬,梁启超奉康有为之命去檀香山创办保皇会,临行前梁启超恳请孙中山写信引荐檀香山的兴中会同志,梁启超表示诚心归依革命真理,势必与孙中山合作到底。孙中山对此信以为真,于是介绍自己的兄长孙眉及在檀香山的兴中会员李昌、黄亮、卓海、李禄、郑金、何宽、钟木贤等人协助梁启超。①

据冯自由的记述，梁启超到檀香山之后，宣称"名为保皇，实为革命"，谓保皇党、革命党"双方殊途同归，曾预得总理［按：指孙中山］同意"等语，而"德彰及李昌等不知其诈，皆为所愚，各捐巨金助之，德彰与李多马且托子于梁启超，使携往日本留学。及后为总理所知，急移书劝阻，则兴中会员多已中毒无能为矣"。② 在认清保皇派的活动后，孙中山主张划清革命派与保皇派的界限，他专门发表《敬告同乡书》一文，内称："革命、保皇二事决分两途，如黑白之不能混淆，如东西之不能易位。革命者志在扑满而兴汉，保皇者志在扶满而臣清，事理相反，背道而驰，互相冲突，互相水火，非一日矣。如弟与任公私交虽密，一谈政事，则俨然敌国。然士各有志，不能相强。总之，划清界限，不使混淆，吾人革命，不说保皇，彼辈保皇，何必偏称革命？诚能如康有为之率直，明来反对，虽失身于异族，不愧为男子也。"③他意在告诫在檀香山的同乡，保皇和革命是互相冲突的，不能混为一谈。

在孙中山此文发表后，保皇党人感到极为不安，1903 年 12 月 29 日，檀香山保皇派报纸《新中国报》主笔陈仪侃抛出了一篇《敬告保皇会同志书》，企图用一系列似是而非、最易惑人的论调来稳住保皇党的阵脚。此文论点有二：一谓中国瓜分，在于旦夕，外人窥伺，乘间即发，当此之际，不应当提倡革命；二谓立宪为共和的过渡，保皇党的最终目的也是共和，但共和不能一蹴可及，故主先行立宪。④ 陈仪侃甚至质疑孙中山的革命动机和个人私德，使阅见此文的兴中会老会员李昌、何宽、程蔚南、许直臣、黄亮、林鉴泉等人十分气愤。

程蔚南当时在檀香山主办《檀山新报》，俗称《隆记报》，因该报起初与革命宣传活动关系不大，于是孙中山将此报改为《党报》，并撰文与保皇党笔锋交

---

① 冯自由：《中华民国开国前革命史》，第 30 页。

② 《兴中会组织史》，冯自由：《革命逸史》（中），第 658 页。

③ 《敬告同乡书》(1903 年 12 月)，《孙中山全集》第一卷，第 232 页。

④ 国务院侨务办公室、中国海外交流协会主办，暨南大学、华侨大学承办：《海外华侨与辛亥革命国际学术研讨会论文集》，2011 年，第 344 页。

战。随后,孙中山因计划赴美,遂写信给冯自由,嘱托他代为聘请《中国日报》记者陈诗仲主持报务笔政。然而由于驻香港的美国领事馆拒绝发给陈诗仲入美签证,陈诗仲未能前来赴任,遂由许直臣、张泽黎先后担任《檀山新报》主笔,继续与保皇党报纸笔锋交战数年。在此期间,《檀山新报》又先后改组为《民生日报》《自由新报》。①

1904 年 1 月 11 日,在檀香山国安会馆,孙中山加入中国秘密社会组织洪门,并被封为"洪棍"(洪门三把手,掌管执法)。随后,在檀香山正埠温逸街(Vmeyard St.)四大都会馆三楼,孙中山组织创立中华革命军。此时,他已有扩大兴中会组织并改订革命团体名称的想法,同时在檀香山以发行军需债券名义募款,以供起义之需。②

图 3-1 宋教仁

图 3-2 马君武

1905 年 7 月,孙中山在日本友人的牵线下来到东京,准备召开中国同盟会筹备会议。7 月 30 日下午,中国同盟会筹备会议顺利召开,由孙中山主持,由黄兴、宋教仁、程家柽、冯自由、胡毅生、马君武等人分头通知华侨和留学生参加,有七十余人参加,代表除甘肃省之外的中国每一个省份(当时的甘肃省

① 《兴中会组织史》,冯自由:《革命逸史》(中),第 659 页。
② 桑兵主编:《孙中山史事编年》第一卷,第 396 页。

没有派学生出国留学），会议地点在内田良平的家里。在会上，孙中山发表长篇演说，阐释革命理由、革命形势与革命方法，并在众人集思广益的基础上，将这个革命组织定名为"中国同盟会"。①

8月20日，在东京赤坂区头山满提供的民宅二楼榻榻米房内，中国同盟会召开正式成立大会，孙中山于会上提议将"驱除鞑虏，恢复中华，创立民国，平均地权"作为革命纲领，会上通过了孙中山起草的《中国同盟会宣言》《中国同盟会对外宣言》以及由黄兴等人起草的会章。在大会上，冯自由被选为评议部议员。

图3-3　1905年中国同盟会成立合影

1905年9月8日，同盟会成立还未及一个月，孙中山就委派冯自由和李自重前往香港、广州、澳门等地"联络同志，扩大组织"。② 冯自由以《中国日

①　［美］史扶邻：《孙中山与中国革命》（下卷），邱权政、符致兴译，山西人民出版社，2010年，第246页。

②　桑兵主编：《孙中山史事编年》第一卷，第462页。

报》记者的身份兼同盟会香港分会的负责人。其委任状如下：

> 中国同盟会总理孙文，特委托本会会员冯君自由、李君自重二
> 人，在香港、粤城、澳门等地联络同志。二君热心爱国，诚实待人，足
> 堪本会委托之任。凡有志入盟者，可由二君主盟收接。特此通知，仰
> 祈察照是荷。
>
> 中国革命同盟会总理孙文
> 天运岁乙巳年八月十日发①

孙中山为何会选派冯自由和李自重两位年轻人去负责港澳粤地区的革命
事务呢？根据分析，可能有以下原因。

首先，冯自由与香港联系密切。1903 年，他就担任了香港《中国日报》及
美国旧金山《大同日报》驻东京的记者，开始与香港的革命同志有联络。孙中
山委派冯自由到华南组织革命，是因为当时在日本的同盟会广东派革命者中，
冯自由与香港方面的接触最频繁，能够胜任联络广州及澳门同志的工作。②

其次，冯自由与李自重关系非同一般。李自重原是广东富商永利源药材
行东主李煜堂之子，早年与冯自由一起留学日本，并受训于东京青山军事学
校。1904 年，经冯自由介绍，李自重回到香港结识了陈少白，从事翻译和办学
等事务。冯、李二人不但是好友，而且还有姻亲关系，冯自由 1903 年所娶之妻
李自平就是李自重的妹妹，正如谭永年所说的，"由于李煜堂与冯自由，有郎岳
的关系（冯乃李家女婿），所以随时随地，为了党的问题，无不热烈支持，加以李
煜堂与杨西岩都是广东四邑籍人（四邑是台、新、开、恩四县），因此这个中坚集

---

① 《给冯自由李自重的委任状》（1905 年 9 月 8 日），《孙中山全集》第一卷，第 286 页。
② 张宪文、张玉法主编，吴志良、娄胜华、何伟杰著：《中国民国专题史·第十八卷：革命、
战争与澳门》，南京大学出版社，2015 年，第 84 页。

团分子,多是四邑工商人物中的表表者"①。

图3-4　李自重(左立)李树劳(右立)与
二人父母合影(前排右二为李煜堂)

图3-5　李煜堂

最后,孙中山希望冯自由能调停陈少白与郑贯公的内斗,这也是派遣冯自由前往香港的主要原因。同盟会成立前的香港革命派可以分为陈少白、郑贯公两派。当时陈、郑二人都是香港报业的领军人物,但彼此间嫌隙丛生,矛盾不断。郑贯公是广东香山县人,是冯自由少年时期的同学兼好友,曾经在日本与冯自由、冯斯栾联合发刊《开智录》,郑贯公思想新锐,善著文章。1901年《开智录》停刊后,郑贯公经孙中山安排,于当年3月来到香港《中国日报》社任记者编辑。② 当时香港新闻界多由旧式学究主持笔政,立论陈腐,受过新式教育的香港学子对此不屑一顾。郑贯公到香港后,尽其日本所学,阐述新名词和新思想,冯自由称郑贯公"崇论宏议,深为读者所欢迎"③。

当时香港的许多青年子弟钦慕郑贯公的才华,愿与之结交,而郑贯公年少轻狂,亦经常与纨绔子弟来往,冯自由称郑贯公"赋性不羁,渐为少白所不喜,在职未及一载,即出而另组《世界公益报》,复先后开设《广东报》及《有所谓

---

①　谭永年主编、甄冠南编述:《辛亥革命回忆录》上册,台北:文海出版社,1976年,第175页。

②　张应龙主编:《海外华侨与辛亥革命》,暨南大学出版社,2011年,第98页。

③　《香港同盟会史要》,冯自由:《革命逸史》(中),第535页。

报》，均以革命排满为宗旨"①。不过也有人说郑贯公从《中国日报》辞职的直接原因是惠州革命军首领郑士良的暴毙。1901年7月14日，郑贯公、陈和与郑士良在水坑口宴琼林酒楼，郑士良忽然觉得身体不适，于是郑贯公与陈和送他回家，在回家途中，经过《中国日报》所在的永乐街，郑士良暴毙。郑士良的死颇为蹊跷，邹鲁认为他是中毒而亡："德寿捏奏阵斩士良，阴命弁李家焯重金昭郑梦唐、陈和宴士良于香港水坑口宴琼林，中毒死，年三十有九，时纪元前十一年（光绪二十七年，西历一九〇一年）七月十四日也。"②郑士良的暴毙让郑贯公心有不安，于是向陈少白提出辞职，离开《中国日报》。冯自由认为郑贯公以一人之力而能陆续创办《世界公益报》等三份报纸，可见其号召力十分强大。冯自由将当时的香港分为绅士和商工学两种社会团体，陈少白与绅士团体来往密切，郑贯公则在商工学团体中广事交游，深孚人望。但是由于陈、郑二人素来不和，因此在香港党务上产生了诸多困难，郑贯公不能充分发挥作用。

图3-6 《有所谓报》

郑贯公离开后，《中国日报》诸人逐渐感到维持困难，于是经容星桥介绍，该报与文裕堂印务公司合并，李纪堂、容星桥分别担任公司总理，李纪堂主管

---

① 《香港同盟会史要》，冯自由：《革命逸史》（中），第534页。
② 邹鲁：《中国国民党史稿》（下），东方出版中心，2011年，第1189页。

财务,容星桥主管印务,陈少白主管报务。此后三年中,由于陈诗仲改任《图南日报》记者,黄世仲改任《世界公益报》记者,①《中国日报》因此缺乏能担当主笔的人,卢信有意介绍伍宪子担任《中国日报》主笔,不过伍宪子在回复卢信的函中称,康(有为)党的《商报》给出的月薪比《中国日报》多五元,因此决定改而就任于《商报》。冯自由认为伍宪子此举"可见当日新学志士对于革命、保皇二说,尚多未能划分界限也"。②

孙中山在1903年夏天和1905年夏天两度路过香港,对于陈、郑二人的矛盾,深觉忧虑。由于冯自由与郑贯公少年时有同学情谊,与陈少白亦是旧相识,孙中山希望冯自由能够基于这两层关系而担任郑贯公与陈少白二人的和事佬,协调他们之间的关系,促进香港党务的顺利发展。在中国同盟会本部成立后,冯自由还兼任《中国日报》驻日记者,随后就与李自重被派遣至香港,协助陈少白经营《中国日报》,并联络陈少白、郑贯公,重组香港、广州、澳门等处革命团体,"8月10日,中山以广东为革命策源地,特派冯自由、李自重二人赴香港,组织香港、澳门、广州等处同盟会分部,以扩张革命势力,并令冯主持香港《中国日报》编辑事务。是为同盟会派员回国之始"③。

孙中山派遣时年二十五岁的冯自由,主持加盟同志两千多人的香港分会,进而协助推动西南各省的军事、党务和南洋美洲各党部的联络工作,可见孙对冯的器重,也说明了冯自由已经成长为一位深受孙中山信任的革命战友。香港毗邻内地,当地势力众多,派系复杂,为革命党人内地活动的重要策源地,兴中会重要的宣传机关《中国日报》也设立在香港,"故在一部革命史上,香港地位之重要,实占全部之第一页"。④

1895年九月广州之役和1900年闰八月的惠州之役,都以香港为军事出发点,但是由于这几次起义失败,兴中会元气大伤,孙中山决定变更计划,暂停

①　刘家林:《中国新闻史》,武汉大学出版社,2012年,第225页。

②　《陈少白时代之〈中国日报〉》,冯自由:《革命逸史》(上),第60页。

③　陈锡祺主编:《孙中山年谱长编》上册,中华书局,1991年,第354页。

④　《香港同盟会史要》,冯自由:《革命逸史》(中),第534页。

对内的军事活动,改为专门从联络留学界人才和海外华侨入手。他认为留学界可以培养未来军事人才,而华侨可以为革命提供资金支持,因此从 1900 年至 1905 年,香港地区的革命派处于内部调整状态,其主要从事的业务是由陈少白等负责主持《中国日报》以宣传革命思想。孙中山此次派遣冯自由赴香港的目的之一就是重整香港革命力量,为进一步起义做准备。

冯自由抵达香港之后就和陈少白、李纪堂等人合作,开始进行改组香港同盟会事宜,并调停陈少白与郑贯公之间的矛盾。① 在改组期间,恰逢孙中山和谢良牧、胡毅生等人乘船赴越南而途经香港,冯自由遂带领陈少白、郑贯公、李纪堂、容开、黄世仲、陈树人等登船拜访,在孙中山的主盟之下,陈少白等人相继宣誓加入了同盟会。在不久后的香港同盟会成立大会中,陈少白被选为会长,郑贯公分管庶务,冯自由担任书记一职。②

在担任香港同盟会书记一职期间,为了掩护革命党身份,冯自由等人都是利用《中国日报》进行公开活动,因此冯自由在香港同盟会期间的事迹也主要是围绕《中国日报》为中心而展开。

二 《中国日报》是非多

1. 冯自由接管《中国日报》

香港中环士丹利街 24 号曾是《中国日报》的社址,如今这里是一座综合商业楼,然而百余年前这里是革命思想激荡的地方之一。孙中山意识到报刊宣传对革命的作用后,委托陈少白创办《中国日报》。《中国日报》的名称是取“中国者,中国人之中国也。中国人之政治,中国人任之”③之意,主要目的是宣传

---

① 中国人民政治协商会议广东委员会文史资料研究委员会编:《广东辛亥革命史料》,广东人民出版社,1981 年,第 215 页。

② 《香港同盟会史要》,冯自由:《革命逸史》(中),第 535 页。

③ 《同盟会宣言》,《孙中山选集》上卷,人民出版社,1981 年,第 68—69 页。

资产阶级革命思想；选址香港，是考虑到香港靠近华南武装起义地区，又为清廷势力所不及。① 该报从 1900 年创刊开始就确定为兴中会的宣传喉舌，直到 1913 年被查封，十多年间，它一直是资产阶级革命团体在香港的舆论宣传阵地。

冯自由是继陈少白后担任了《中国日报》的第二任社长，他在《中华民国开国前革命史》一书中回忆了孙中山创办该报的原因："自乙未（1895 年）广州一役失败后，孙总理久在日本规画粤事，重图大举，知创设宣传机关之必要，始于己亥（1899 年）秋间派陈少白至香港筹办党报，兼为一切党务军务之进行机关。"②可以说自筹办之日起，《中国日报》就不是一份普通的报纸，而是革命团体兴中会的机关报。1905 年，随着兴中会正式改组为中国同盟会，《中国日报》又成为同盟会在香港地区的机关报。

从 1900 年创刊到 1906 年 8 月，陈少白一直是《中国日报》的主笔和总编辑。陈少白是孙中山在香港雅丽士医学校的同学，曾与孙中山结拜为兄弟，故孙中山在通信中，对陈少白都以"吾弟"相称。陈少白文思敏捷，辩才无碍，"兴中会初期缺少文士，文告多出少白手笔"③，博学强记，才思敏捷，对诗词文学、琴棋书

图 3-7 《中国日报》第一期

画、戏曲艺术等无不精通，在当时国民党革命派中素有"风流才子"之称，他以《中国日报》为阵地，针砭时弊，发表了许多影响较大的文章，发挥着"笔阵千军"的力

---

① 丁淦林、刘家林、孙文铄：《中国新闻事业史新编》，四川人民出版社，2008 年，第 97 页。
② 冯自由：《中华民国开国前革命史》，第 123 页。
③ 《陈少白之辞章》，冯自由：《革命逸史》（上），第 15 页。

量,为初期的民主革命宣传做出不少贡献。[1]

陈少白在其撰写的《中国报序》中称:"报主人见众人皆醉而欲醒之","因思风行朝野,感惑人心,莫如报纸,故欲借此一报,大声疾呼,发声振聩,中国之人尽知中国之可兴,而闻之起舞,奋发有为也"。从创刊之始,《中国日报》就倡言"大抵以开中国之风气,祛中国人之萎靡颓庸,增中国人兴奋之热心,破中国人之拘泥于旧习,而欲使中国维新之机勃然以兴,莫之能御"。[2] 宣传民主革命是《中国日报》创刊的宗旨,所以宣传内容主要集中在"排满"反清、爱国救亡、民主革命等方面。

《中国日报》在创刊后一直致力于揭露清政府的腐败无能,声援革命党人的革命活动。1900 年 7 月,严复、唐才常等人在上海发起召开"中国国会",章太炎也参与其中,作《解发辫》《请严拒满蒙人入国会状》两文,寄给陈少白,希望在《中国日报》副刊《中国旬报》上发表全文。陈少白收到文章后刊发全文,并在编注按语中称"章君炳麟,余杭人也。蕴结孤愤,发为罪言,霹雳半天,壮者失色,长枪大戟,一往无前。有清以来,士气之壮,文字之痛,当推此次之第一"。[3]《中国日报》还致力于宣传爱国救亡,揭露和谴责列强的侵华罪行,声援中国人民的反侵略爱国斗争,比如大力揭露和声讨沙俄霸占中国东北的事实,以及广西巡抚王之春出卖国家主权等行径。

同保皇派报刊进行论战是《中国日报》的重要任务,该报时刻反击保皇党人对革命的污蔑。1902 年第二次广州起义失败后,保皇派报纸《岭海报》发表文章污蔑该起义扰乱社会治安、大逆不道。陈少白精通英、日两种外语,口才敏捷,文笔犀利,连续撰文与《岭海报》开展论战,传播革命思想,并带领报内其

---

① 刘勇、李怡总主编:《中国现代文学编年史》(1895—1949)第一卷,文化艺术出版社,2015年,第 124 页。

② 陈少白:《中国报序》,《中国日报》1900 年 1 月 25 日,转引自刘兴豪:《报刊舆论与中国近代化进程》,光明日报出版社,2016 年,第 153、154 页。

③ 沈建中:《章太炎和孙中山交往述略》,余杭章太炎故居纪念馆编:《章太炎逝世八十周年暨章太炎故居保护开放三十周年纪念文集》,上海人民出版社,2017 年,第 326 页。

他编辑、记者撰文，坚决驳斥保皇派的谬论，与之论战数月，是为两派报刊论战之始。在陈少白的主持下，《中国日报》发表《论民权》《民生主义与中国革命之前途》等文章，要求改革"以一夫侵天下人自由"的不合理制度，同时大量介绍英、法等国资产阶级民主革命的历史，以此宣传革命，鼓励人们争取民主自由。

《中国日报》除了为民主革命宣传做出了巨大贡献外，还在板式和内容上有两项创新之举，推动了中国新闻事业的现代化。

首先，在版面编排上，《中国日报》从中文报纸的长行直排改为短行横排，开中文报纸排版改革先河。在此之前，各地的中文报纸排印一律采用直排长行，不便阅读。见此情景，"《中国日报》始仿日本报式作横行短行。初时人多异议，《中国日报》毅然不屈。未几，香港、广州、上海多报陆续改用横行短行，是亦报式革命也"。①报纸排版改革之初，面对诸多异议，陈少白力排众议，文字版编排借鉴日本报纸版式，版面均分为六横栏，字行缩短到 15 字，方便阅读。

其次，在报刊内容上，《中国日报》率先在报纸中开设副刊版，称为"谐部"。《中国日报》的正文内容安排在"庄部"，"庄部"是正面论述的文章及新闻报道，而"谐部"则刊登小说、掌故、打油诗等轻松诙谐文字，相互结合，旗帜鲜明地鼓吹革命。②《中国日报》的内容以政治和经济方面的新闻及评论为主，同时兼出《中国旬报》，十日一册，主要登载中外重要新闻、名人言论以及知识性文章。《中国旬报》设有专载谐文小品的"杂俎"栏目，利用广东民间喜闻乐见的粤讴、南音、班本等文艺载体，讽刺昏庸腐朽的清朝官吏，以文艺形式宣传革命，后改名为《鼓吹录》，③"除日刊外，另发行中国旬报，卷末附以讽刺时事之歌谣、谐文等类，曰鼓吹录，其后海内外报章多增设谐部一栏，盖滥觞于此"④。1901 年

①　《陈少白时代之〈中国日报〉》，冯自由：《革命逸史》（上），第 59 页。

②　魏剑美、骆一歌著：《中国报纸副刊史》，新华出版社，2015 年，第 15 页。

③　刘勇、李怡总主编：《中国现代文学编年史（1895—1949）》第 1 卷（1895—1905），文化艺术出版社，2015 年，第 125 页。

④　冯自由：《中华民国开国前革命史》，第 122 页。

2月前后,《中国旬报》停刊,《鼓吹录》转入《中国日报》,作为日报的文艺副刊,也成为中国报纸最早的文艺副刊之一。

冯自由在1905年9月到达香港后,兼任《中国日报》记者,参与该报的舆论宣传工作。冯自由在《中国日报》上发表了多篇文章,其中最值得记述的就是长篇论文《民生主义与中国政治革命之前途》。该论文大谈民生主义,洋洋洒洒两万多字,在《中国日报》上连续登载了十多天才登完,后又转载于美国旧金山《大同日报》和东京《民报》等革命派杂志,是同盟会成立后详细阐明民生主义学说的第一篇文章,深刻反映了冯自由对民生主义的认知,体现了他对孙中山思想的发扬传播,因此有必要节录如下:

十九世纪下半期欧美森林中,因殖产兴业膨胀之结果,发生一关于经济上社会上最重大最切要之新主义。列国政治家因此问题,苦心经营,竭力调停者数十年,而其结果卒致此主义之暗潮,灌输人群,磅礴世界,有逆之者,辄如摧枯拉朽。猗欤盛矣! 斯何物? 曰:民生主义。

民生主义(Socialism),日人译名社会主义。二十世纪开幕以来,生产的兴盛,物质的发达,百年锐于千载,而斯主义遂因以吐露锋芒,光焰万丈。推察其原因,则以物质进步,地租腾涌,而工值日贱使然。社会党之昌盛,有由来矣。欧美诸国社会党之气焰,如日中天,其尤盛者,厥惟德国。美、法、英、俄等国次之。德国下议院为社会党员占其半数,义和团之役,德国社会党魁于议院痛攻德皇誓师立言之非理,德皇慑其威势,不敢论辩。此尤指数年前事而言,上月社会党魁欧毕普路更于议院斥德皇之外交政策,则其最近焉耳。今日德政府之对内政策,已无不根据民生主义,其工商业膨涨之速率,大有驾英凌美之概。游欧洲者,与谈政治,盛称柏林,谓其屋宇整齐,事物有序,为列国之冠,此宁非民生主义之成绩哉。

……

关于民生主义之解释,其条理甚繁,诚非一朝一夕可毕言之。兹篇所云云者,其纲领耳。民生主义之发达何以故? 曰:以救正贫富不均,而图最大多数之幸福故。贫富不均何以故? 曰:以物质发舒,生产宏大,而资本家之垄断居奇故。夫自十九世纪以降,欧美列强,除俄国外,民权、民族之二大主义殆将告厥成功,世人方以为自兹而后,专制之淫威日渐渐灭,而人权自由之幸福巩如磐石矣。而孰知事实上竟有大不然者。君主之有形专制方除,而富豪之无形专制更烈。富者资本骤增,贫者日填沟壑。不观英国乎? 据《太晤士报》所纪,伦敦市民之仰给于英政府者,凡一百万人,又伦敦富豪蓄犬之屋,其庄严靡丽埒于王侯,贫民靡论矣。夫以宪法最善美之民权母国的英国,而其贫富之悬殊若此,遑问他国。……自各大公司联合而实行托辣斯,而怪雾妖霾、惨风腥雨乃弥漫于新大陆,其余波东及于大西洋西岸,欧洲诸国之形势,且为之生一大变象焉。其结果也,遂驱使一般之劳动阶级,悉厕为大资本家之奴隶,且次第蚕食中等资本家,而使之歼灭无遗,今美国惟有大资本家及工人之二大阶级,而中等资本家之可数者,概已落落如晨星。……是则大资本家垄断之政策,微特可施于商工业,而一国之立法、行政机关,亦不啻为之傀儡而已。嗟乎!立宪共和制为最可尊贵之无上政体,不知掷几许头颅,洒几许血雨,乃达此完善境域。庸讵知其大多数市民之受少数大资本家之无形专制,实较君主专制及贵族专制为尤烈,是岂华盛顿、佛兰克林、林肯诸贤所及料乎? 君子观于此,而知民生主义之实行,为一刻不容缓矣。

……

挽近民生主义之精髓,以德国学者为发挥无余蕴,欧美诸国,靡然从风,游学柏林者,相夹于道。德国各大学之学席,殆为外国留学生占其半数焉。伟大哉,民生主义! 神圣哉,民生主义! 敢以民生主义之灵幡,招展于我中国,而苏我四万万同胞之国魂。

……

吾深愿吾党研究民生主义。

　　吾深愿吾党研究民生主义之土地国有论。

　　吾深愿吾党研究土地国有论之单税论。①

　　冯自由的文章分析了十九世纪末二十世纪初资本主义国家资本垄断、财富分配不均的社会状况，而民生主义正是改变社会不平等的一剂良药，同样的，民生主义也可用以挽救中国的四万万同胞。冯自由的这篇文章是当时香港地区报刊上少见的长篇政治论文，也是对孙中山"三民主义"中民生主义的具体阐释，冯自由研究"国家民生主义"，并在《民报》上撰文宣传社会主义，也在一定程度上推动了当时资产阶级民主革命派对社会主义的探索。当时《民报》上出现了介绍社会主义的热潮，冯自由在此过程中起到了一定的促进作用。

　　"三民主义"在近代中国历史发展中是一个极为重要的词汇，每每被提及，"民族、民权、民生"三大主义跃然上口，然而常常为人所忽略的是，首创"三民主义"这一简称的人不是孙中山本人，而是冯自由。作为同盟会机关报的《民报》出版后，国内南方各省由《中国日报》兼任《民报》的总代理。冯自由在1906年接任《中国日报》的社长，他认为在广告上介绍《民报》总称"民族、民权、民生"三大主义过于冗长，因此将之简称为"三民主义"。1906年春天，香港各界人士为投海自杀的陈天华，特开追悼会于杏花楼，冯自由挽联挽之曰："生平得二友二人，星台（天华字）殉国，近午（克强字）何之，可叹吾党英才，又弱一个；灵爽凭健儿五百，公武（南洋同志通函向讳孙文二字曰公武）鸣钟，自由不死，誓覆虏酋政府，实践三民"②，挽联由陈少白手书，"自是'三民主义'四字遂常见于中国报论说及代理民报之广告"。③

　　几个月以后，"三民主义"这一简称传播至海内外各党报，并成为一个常见名词而广为人知。关于"三民主义"这一简称，冯自由还提到了一个小插曲，

---

① 《民生主义与中国政治革命之前途》，冯自由：《革命逸史》（中），第713—724页。

② 冯自由：《革命是怎么来的》，上海文化出版社，2011年，第213页。

③ 冯自由：《中华民国开国前革命史》，第127页。

1907 年,胡汉民途经香港,屡次向冯自由建议说"民族、民权、民生"三大主义不能简称为"三民主义",这样是极不通顺的说法。直到 1909 年,胡汉民从南洋回到香港时,还提起此事。但是此时"三民主义"一词已在世上流传多年,不但市面上发行的各种刊物采用此种说法,而且孙中山对此简称也颇为赞成。

从 1905 年下半年开始,香港地区革命派报纸发展迅速,据冯自由记载,这一时期除了香港的《中国日报》外,还有《公益报》《广东报》,郑贯公新创立的《有所谓报》,黄世仲新创立的《少年报》,以及广州地区的《群报》《亚洲报》《时事画报》,等等。①

1905 年冬,美国政府颁布了取缔华工禁约,华侨冯夏威在上海美领事馆门前自杀,留下两封遗书,以此警示同胞奋起抵制美国。② 这一事件引发了中国各地抵制美货的运动,香港和广州的工商学各界也纷纷组织拒约会来响应这次反美运动。港人先后于西营盘杏花楼发起冯夏威、陈天华两烈士追悼会,"参加者数千人,此两会皆由郑贯公等主持,实隐然执全港新学界之牛耳"。③年底,驻美商会特派代表与香港、广东代表磋商办法,香港代表为何启、曹善允、李煜堂、吴东启、冯自由、陈少白等人,双方议定了九项解决条款。然而这招致了郑贯公的反对和不满,他指责这九项条款未经全体会议通过,为无效条款,于是《中国日报》与《有所谓报》展开了笔战。冯自由试图调解,但仍难解分歧,因而左右为难,直到孙中山经过香港,劝郑、冯二人和解,这场风波方才平息,但是中美双方代表所商议的九项条款也因此搁浅。对于此次事件,冯自由称"是时粤港人士对美外交,竟为革命党两报言论所左右,是亦可见革命党势力之一斑矣"④。

1906 年 1 月到 7 月间,《中国日报》再次遇到危机。广东总督岑春煊强行

---

① 《陈少白时代之〈中国日报〉》,冯自由:《革命逸史》(上),第 61 页。
② ［新加坡］黄贤强:《1905 年抵制美货运动:中国城市抗争的研究》,高俊译,上海辞书出版社,2010 年,第 64 页。
③ 刘家林:《中国新闻史》,武汉大学出版社,2012 年,第 228 页。
④ 《香港同盟会史要》,冯自由:《革命逸史》(中),第 536 页。

将粤汉铁路收回官办,"陈少白曾支持港商陈席儒、杨西岩反对清廷将粤汉铁路收归官办,任'粤路股东维持路权会'顾问"①。粤路股东维持路权会向清政府抗争的所有文电,都出自陈少白之手,"他支持港商陈席儒、陈赓虞、杨西岩等人组织的粤路股东维护路权会,反对粤督岑春煊将粤汉铁路收归官办的决定,在《中国日报》上仗义执言"②。因此,《中国日报》无形中已经成为粤路股东维持路权会的秘书处。

粤路事件发生后,《中国日报》及其他香港的报纸纷纷仗义执言,抨击岑春煊的举措。岑春煊在上任初期,特别重视《中国日报》的建议,但是港报在此次事件中多番批评岑春煊,岑春煊遂下令禁止港报入内。当时广东是《中国日报》的主要销售地,因此这番禁令包括《中国日报》在内的许多港报都损失巨大。此外,由于《中国日报》已经是文裕堂公司名下产业,但文裕堂经营不善,连年亏损,该报也因此受到牵累,岌岌可危。在粤路股东维持路权会成立之前,陈赓虞和杨西岩曾对陈少白说,倘若《中国日报》无法支撑下去,他们会提供巨额资金来挽救,作为声援粤路事件的回报,陈少白对此信以为真。然而当《中国日报》真正遇到资金困难的时候,陈、杨二人却食言了。

与此同时,《中国日报》还受到诉讼案的打击,即康有为之女康同璧于1906年控告《中国日报》赔偿名誉损失案。作为革命派刊物的《中国日报》长期以来就重视搜集康有为、梁启超师徒借保皇名头而骗取华侨巨款的种种证据,并在报纸上揭发,这其中就提及

图3-8 康同璧

① 赵尧、廖就胜主编:《新会县志》第7篇《人物》,广东人民出版社,1995年,第1149页。
② 宗志文、朱信泉主编:《民国人物传》第3卷,中国社会科学院近代史研究所编:《中华民国史资料丛稿》,中华书局,1981年,第45页。

了康同璧。康同璧于是委托保皇党会员叶惠伯为代表,在香港当地法院控诉《中国日报》诽谤,要求赔偿五千元损失费。本来《中国日报》所举的证据十分充分,有胜诉的希望。无奈港英当局有法律规定,被告若无能力继续延请律师,便等同于败诉,诉讼费也要由被告承担。作为《中国日报》的持有者,文裕堂经营亏损,无力承担律师延请费用,而《中国日报》也面临着被拍卖的命运,以维持诉讼费。

陈少白束手无策,冯自由则认为这件事情关系到全党的名誉,便向香港富商李纪堂、岳父李煜堂筹措资金,提前从文裕堂处购买了《中国日报》,不但避免了《中国日报》这一宣传机关落入保皇党手中,而且使之可以继续刊行,脱离了倒闭的危机。孙中山在南洋听闻了诉讼一事,认为出于维护同盟会名声的需要,应当继续抗诉,于是特意给陈少白汇款三千元,让他请律师据理力争。然而陈少白认为诉讼之事过于麻烦,主张不再提起诉讼,于是这一案件最后还是以《中国日报》败诉而终止。陈少白经历种种危机,自觉心灰意冷,随后辞去报社社长和香港同盟会分会会长的职务。

冯自由等人购买《中国日报》股份后,将报社迁到上环德辅道 201 号。作为新股东,李煜堂、李纪堂、李亦愚、潘子东、伍耀廷、吴东启、伍于簪、麦礼庭等人极力推举冯自由接任陈少白的职务。《中国日报》随即进行了改组,冯自由接任了报社社长及香港同盟会分会会长职务。

冯自由能够掌管《中国日报》,离不开其岳父的大力支持。李煜堂家财万贯,在中国

图 3-9 李纪堂

内地和南洋经营保险公司,被称为"保险大王",冯自由对岳父李煜堂评价极高,认为他"不但是一个有信用有魄力能令世人敬佩的老商人,而且是热心公益、乐善不倦的大慈善家,又是富于革命和进取性,四十年间始终不懈的革命

同盟会会员"①。可以说正是在李煜堂的倾力相助下,冯自由一次又一次扶助《中国日报》这一革命宣传机关,使其渡过难关。

2. 冯自由主管《中国日报》

《中国日报》和香港同盟会在冯自由主管的期间是同盟会在粤、桂、闽三省最活跃的时期。② 简又文在《革命元勋冯自由》一书中称:"自由以年方廿五之青年,精神饱满,能力充沛,经验丰富,热诚过人,才识并懋,人格纯洁,骤膺重任,独当一面,更苦心勉力,日夜策划,又得同志合作,贤妻内助,以故成绩斐然。"③

1906 年之后,在香港同盟会分会的策划下,内地的革命军事活动颇多,"香港分会兼任军务,责任最重,由冯自由任分会长后,丁未年四月潮州黄冈及惠州七女湖之发难,五月留思复在广州谋炸李准之经营,九月惠州汕尾运械之布置,皆香港分会直接指挥之"④。早在 1905 年的农历十一月,黄兴就曾绕道香港,来到广西桂林,说服防营统领郭人漳起事,郭人漳尽管赞同革命,但因身份原因而有些许为难,表示自己深受其他部队的牵连,不敢轻举妄动。到了第二年的冬天,郭人漳受粤督命令率领其所属部下军队来到广东,驻军于肇庆,香港同盟会分会广东代理主盟人也向冯自由报告说惠、潮各地军事经营已经准备就绪。冯自由随后将这一消息发给尚在日本的孙中山和黄兴。孙、黄认为这是一个难得的好机会,于是带着胡汉民、汪精卫,日本人萱野长知、池亨吉等人前来香港。

1907 年,香港同盟会分会的革命事业取得较大进展。当时同盟会的会务仍然具有保密性质,按照同盟会的规章,会长主持一切事物,只有会长一人有权吸纳会员,派往粤、桂、闽等地扩张会务的人都被称为代理主盟人,而经手人

---

① 《李煜堂事略》,冯自由:《革命逸史》(上),第 144 页。
② 国务院侨务办公室政法司编:《海外华侨与辛亥革命》,第 470 页。
③ 简又文:《革命元勋冯自由》,第 11 页。
④ 《中国同盟会史略》,冯自由:《革命逸史》(上),第 286 页。

的盟书也必须秘密寄给会长。这一年,冯自由曾先后派出代理主盟人和军事联络员分赴粤、桂、闽等地吸纳会员,扩张革命势力,其中,在香港、广东吸纳同盟会成员一百余人。

是年2月,孙中山一行人等到达香港,孙中山随后继续去越南西贡,黄兴、汪精卫、萱野长知留在香港,准备去肇庆催促郭人漳起兵夺取广州。池吉亨泽带着留学生方瑞麟、方汉成、乔以生等人前往潮汕协助许雪秋起义。然而,计划不如变化快,黄兴与汪精卫在松原旅馆停留的时候,从广州前来的张树枏带来了一个遗憾的消息:郭人漳又被调到钦州镇压起义,广东清吏已经打探到黄兴来到香港,准备发文给港英当局,要求引渡黄兴。黄兴与汪精卫也察觉到在他们住宿周围的确时常有广东官吏模样的人在窥伺。此时郭人漳已经调往他处,无法继续起兵广州,无奈之下,黄兴只能变更计划,让胡毅生跟随郭人漳去钦州,伺机行事。汪精卫则去了普庆坊招待所,与刘思复、廖平子会面。

图 3-10　刘思复

图 3-11　许雪秋

按照计划,许雪秋、陈芸生、余绍卿、邓子瑜、刘思复、张谷山、胡毅生、何克夫、姚雨平、王和顺、李福林、谭剑英、黎仲实、谭人凤、柳杨谷等人先后去广州、汕头、汕尾、归善、博罗、钦州、廉州等地进行军事活动。经过多方准备,1907年的正月十二,许雪秋、陈芸生发动了潮州城之役,四月十一日,又于饶平黄冈继续起事;四月二十二日,邓子瑜策动了惠州七女湖之役;七月二十七日,王和顺发动钦州防城之役;九月初六又发动惠州汕尾之役;等等。①

除上述起义活动相继失败外,香港同盟会分会也遇到了不少麻烦,在黄冈义军失败后,其首领余纪成和汕尾党徒首领许佛童先后被清廷官吏以强盗罪的罪名控诉到香港法院,为此,分会延请律师,替二人诉讼数月,方才胜诉,助二人出狱。1907 年的农历十月,谭人凤、田桐、何克夫、陈湘南、谭剑英等人按照孙中山的指示去越南,并随身携带了两箱英法文的军债券,在海关被法国人扣留,后来由孙中山亲自出面与越南总督交涉,方才发还。然而,谭人凤等人也被驱逐出境,只能回到香港,寄宿于《中国日报》报社。1907 年冬,黄兴计划在钦州起事,冯自由在香港秘密购买弹药,交给法船买办黎量余、彭俊生从海防运送供应。

1908 年 4 月,冯自由及《中国日报》又处理了"二辰丸事件"。旅澳华商柯某等人在 1908 年春天雇用日本轮船二辰丸从日本私运军械到澳门附近的中国地界,以图倒卖军火获暴利,同盟会成员陈佐平、温子纯、林瓜五(大盗林瓜四之弟)等人收到这一消息,准备到时抢夺这批军火,用于香山、新安等地起事。冯自由随后向澳门地区的党员打探具体消息,得知二辰丸预定在澳门海湾卸货,但仅有枪一千挺、弹药十万发。因此冯自由认为在葡萄牙所控海域不方便起事,而且弹药太少也不够起事之用,进而阻止了陈佐平等人的行动。

这艘轮船后来由葡萄牙人包运到澳门海面卸货,却被清廷的军舰越界捕获,"经会商拱北关员见证上船查验,并无中国军火护照,该船主无可置辩","查洋商私载军火及一切违禁货物,既经拿获,按约应将船员入官,系照商约第三款并统共章程办理"。② 在二辰丸被扣押后,日本政府提出严重抗议,又引发中国民众排货运动,"日方态度强硬,甚至欲行宣战,中国人民大

---

① 张应龙主编:《海外华侨与辛亥革命》,第 67 页。
② 《粤督张人骏致外部辰丸私运军火应按公约充公电》(光绪三十四年正月初六日),王彦威、王亮辑编:《清季外交史料》第 7 册,湖南师范大学出版社,2015 年,第 3757 页。

愤,因有香港、广州各地的排货运动",①最后由粤督向日方"谢罪"才了结此事。

　　然而,当时的广东各界认为此事极不公平,都主张以抵制日货来报复日本,只有冯自由主导的《中国日报》力排众议,认为抵制日货的理由众多,不应当以这件事为由头。《中国日报》认为军械能否入境关系到革命党员的生死问题,二辰丸所载的军械虽然和革命党毫无关系,然而革命党一旦参与此次排日言论,便会染上嫌疑,而这种足以影响革命党的事情和言论,还是少参与为好。因此《中国日报》以国际公法领海权相关规定为证,逐渐转移了排日舆论。日本实业界因中国抵制日货遭受损失,委托内田良平协助平息此事。"二辰丸事件"发生后,宫崎寅藏与孙中山取得联系,并与内田良平、何天炯一起平息抵制日货运动而努力。②

图 3-12　孙中山(二排中)与宫崎寅藏(最后站立者)等友人合照

　　1908 年夏秋之间,姚雨平、葛谦、李纪民等人先后来香港向冯自由报告广州防营布置已经逐渐成熟,希望同盟会骨干能尽快汇款接济防营起事,冯自由

　　①　王芸生编著:《六十年来中国与日本》第 5 卷,生活·读书·新知三联书店,2005 年,第149 页。

　　②　桑兵主编:《孙中山史事编年》第二卷,中华书局,2017 年,第 637 页。

随后电告孙中山。但孙中山认为 1908 年 3 月河口起义的失败导致革命党财源紧张，多次电复冯自由，请勿轻举妄动。由于此前 1907 年的多次起义失败，参与起义的将士多被越南法政府驱逐出境，分别遣送到新加坡或香港等地。黎仲实、高德亮、饶章甫、麦香泉、陈义华、陈发初、谭人凤、何克夫、谭剑英、陈湘南等人都留在了当地的报社和各个招待所，香港同盟会分会穷于应对各方人士，屡次向在新加坡的孙中山告急。但是，当时孙中山忙于安顿河口之役中的军士，无法接济香港支部。

除了支援军事行动以外，《中国日报》还继续发挥宣传作用。对于 1907 年以来的军事行动，《中国日报》都进行了详细报道，广为宣传，颇受海内外瞩目，但是该报也因此成为清政府的特别关注对象。1907 年 6 月，香港华民政务司以《中国日报》经售的东京《民报》特刊《天讨》中附有光绪皇帝被破头的插画，认为《中国日报》在煽动暗杀活动。经过冯自由的据理力争，最终当局只是将所有《天讨》特刊没收，《中国日报》得以幸免。

然而一波方平，一波又起，当时驻菲律宾清廷领事杨士钧以《中国日报》驻小吕宋记者通信揭发其玷辱国体的事情，特意聘请律师控告《中国日报》，并要求赔偿其名誉损失。冯自由找出了人证，依照法律拒绝赔偿，杨士钧亦知道胜诉无望，因此知难而退。到了 1907 年 8 月，香港议政局应清政府的请求，通过了禁止报纸登载煽惑友邦作乱文字的专律，矛头直指《中国日报》。在外界诸多不利因素的压力之下，冯自由主持的《中国日报》没有停顿，其工作依旧正常继续，冯自由称"盖英人只禁谈排满革命，若易以民族主义及光复等名词，非彼等所能了解"①。即便港英当局禁止报界谈论"排满"革命，但是革命党依然可以用"民族主义"和"光复"等名词来代指其含义。

1908 年正月左右，香港同盟会分会改选干事，冯自由仍然被选为会长，黄世仲为庶务员，谢心准为书记，并在皇后大道马百良四楼添设了常驻会所，来

---

① 《香港同盟会史要》，冯自由：《革命逸史》（中），第 539 页。

容纳各地来香港的革命同志，①其间，又有数十人在香港加入革命阵营。由于当时香港同盟会分会并未于他处设立常驻会所，因此《中国日报》杂志社所在办公楼四楼的社长室便充当了会员们的秘密会所。刘思复在去广州之前，也曾在此地炼制炸药，因此冯自由称"《中国报》[按：即《中国日报》]之社长室不独为革命军址总枢纽，亦且为革命军之兵工厂矣"②。

　　冯自由同时负责管理军务、党务、报务等，以一人之力负责多项要务，着实觉得力不从心，于是电请孙中山派人来协助他。1908年2月，孙中山派汪精卫赴港协助冯自由，但不久后汪精卫又被调去越南河内，随后由胡汉民前去代替。与此同时，《中国日报》的财政也受到了军事行动的影响，冯自由想请孙中山继续派人来协助军务，但孙中山穷于应付，便让他静候命令，并让孙眉、黄隆生、关人甫、李文金等十余人去南洋筹款，而冯自由还要负责继续为他们四处筹措旅费。

　　河口起义失败后，香港同盟会分会的军事行动暂时停顿，冯自由得以专心党务，于是用开放主义代替了从前的秘密行动，开始广收会员，并在1909年农历二月取消了皇后大道马百良药店四楼招待所，将新会所设立在上环德辅道先施公司对门。为避人耳目，将会所改名为"民生书报社"，开会时也不像从前那样秘密进行了。冯自由还在广州设立了通信处，名叫"守真阁"，由高剑、徐忠、潘达微、梁焕真、胡少翰、朱述唐等人筹备成立。这一年又有数百人入会，以倪映典所招的广东地区新兵军士为主。到了1909年的农历十一月，由于会员大增，民生书报社会所过于狭小，因此又迁到了中环德辅道捷发四楼，改名为"少年书报社"。③

---

①　张应龙主编：《海外华侨与辛亥革命》，第64页。

②　《香港同盟会史要》，冯自由：《革命逸史》（中），第540页。

③　葛培林：《孙中山与香港》，政协广东省中山市委员会文史资料委员会编：《中山文史》第56辑，广东省中山文史编辑部，2005年，第76页。

3. 冯自由离开《中国日报》

《中国日报》虽然号称是同盟会的宣传机关报之一,但其经营的资金主要来源于商人,同盟会资助非常少,加之几年来各地往来香港的革命同志都由《中国日报》作为东道主接待,各种消费亦是有加无已,到了1908年夏天,报社财务问题已经十分严峻。从1906年由冯自由接手《中国日报》以来,前后也仅募得商股九千元,勉强维持三年,后来莫纪彭介绍富家子弟林直勉入会,林直勉认购《中国日报》三千元股份,《中国日报》方能继续维持。[①]

图 3-13 林直勉

1908年冬天,为了节省费用,《中国日报》的报社地址从德辅道迁到荷里活道231号。到12月下旬时,该报已经负债累累,所幸冯自由岳父李煜堂一直在支援《中国日报》,经过多番筹措,该报才度过年关。在此之后,孙中山派遣胡汉民去香港接管有关军事的招待事务,冯自由身上的重担方才减轻,但是由于长期以来的习惯,《中国日报》或多或少还是要负担些招待费用。

1909年农历九月,香港同盟会分会势力扩大,因此党内开会建议在香港分会以外,再设立一个南方支部,推举胡汉民为社长,汪精卫为书记,林直勉为会计,会所设在黄泥涌道。[②] 1910年正月,新军起事失败,同盟会的军事行动受到重大挫折,在这次军事行动中逃亡的很多同志都躲避在《中国日报》社内,因此报社内的开支大量增加,财务问题更为严峻。

正当冯自由万般焦灼之时,加拿大温哥华传来了一个令他振奋的消息。原来洪门致公堂在温哥华创立了《大汉日报》,由于冯自由与洪门素有渊源,于

---

① 《香港同盟会史要》,冯自由:《革命逸史》(中),第544页。

② 张磊主编:《孙中山词典》,广东人民出版社,1994年,第280页。

是洪门来信聘请冯自由为该报主笔。[1]　鉴于《中国日报》报社财政艰难，各位股东爱莫能助的现状，冯自由为另辟财源，决定接受洪门的邀请。

在做出决定后，冯自由就请南方支部接管《中国日报》，并辞去了香港同盟会分会会长的职务，决定远赴北美。1907 至 1909 年经营军费的收支账目都由冯自由一手管理，冯自由在离开香港前往北美之前，将这两年的收支帐目向孙中山做了报告，根据冯自由所整理的军务收支账目所示，计收入四万八千六百九十二元一角七分，支出四万九千二百三十四元六角九分，付给萱野长知军械费旅费一万二千元、许雪秋两次起事费约七千元、余纪成案诉讼费三千一百元、曾仪兴等起事费六百元、邓荫南五百元，电汇黄兴一千元，汇宫崎寅藏三百元、池吉亨取九百五十元，电汇总理四千三百元，代购运赴海防毛瑟枪弹及制弹机九百五十元，其余皆属诸同志军旅馆租金、给养、抚恤、邮电、购物各种费用之需。对比收支情况，入不敷出，超支约为五百四十二元五角二分，系由《中国日报》垫付。[2]

关于在香港的这段经历，冯自由有诗云：

同盟大会溯先河，七载经营俊杰多。

若把关中比香港，不才岂敢望萧何。[3]

三　远赴北美筹义款

冯自由协助孙中山在北美筹款可以分为两个阶段：先是在加拿大地区发展同盟会并组建筹饷局，然后又前往美国组建筹饷局。在美洲筹款期间，冯自由不仅协助孙中山在美洲地区募得数额不菲的革命义款，而且长期陪伴在孙

① 黄珍吾：《华侨与中国革命》，台北："国防研究院"出版社，1963 年，第 88 页。
② 冯自由：《中华民国开国前革命史》，第 131 页。
③ 《自题〈革命逸史〉十首》，冯自由：《革命逸史》（下），第 1008 页。

中山左右,为革命事业做出了贡献。

1. 冯自由与孙中山在加拿大筹款

天地会、洪门等秘密会社的关联错综复杂,根据一些学者的研究,洪门即大名鼎鼎的天地会的对内称谓,而三合会(三点会)和哥老会既可视为洪门的分支,亦可看作洪门或天地会的别称。[①] 洪门创立于清朝初年,宗旨为反清复明。洪门在美洲一般被称为致公堂,革命党人与洪门三合会关系密切。

1904 年,冯自由便在日本横滨加入洪门三合会,成为"草鞋",因此对洪门的秘密暗号十分熟悉,他对自己所知道的洪门惯语习俗有如下记述:

> 三合会之口号暗语,多以鄙俚粗俗之言表之,如会长曰大佬(犹哥老会之称龙头),主盟人曰老母,介绍人曰舅父,首领曰洪棍,参谋曰纸扇,干事曰草鞋,秘册曰衫仔(哥老会谓之海底),杀人曰洗身,洗澡曰冲凉,割耳曰取顺风,发誓曰斩鸡头,侦探曰风仔,作奸细曰穿红花鞋(此与哥老会同),吃饭曰耕沙,皆最普通者也。其所以故作鄙俚之原因,实由于创设此种秘密团体之本意,专注重于中等以下之社会,盖上等社会所谓士大夫之类,多与管官吏接近,而官吏固无一不充满族爪牙,而不利于汉人者。因是故作下流粗俗之口语,使一般士大夫闻而生厌,避之若俯,而后其根株乃能保存,而潜滋暗长于异族专制政府之下也。又拜会结盟号曰演戏,戏剧分桃园结义、桥边相会、中堂教子、斩奸定国四幕。秘册所载戏剧及七言诗,一一由大佬先锋等背诵无遗,琅琅可听。斩奸又称斩七,盖少林寺之惨遭满虏毒手,乃由奸人马七之告密,故洪门最恶七字,凡遇七字皆以吉字代之。斩奸时预制一马吉人形,各口出毒誓,以刀斩之,仪式庄严,令人不寒

---

① 参见夏征农、陈至立主编,熊月之等编著:《大辞海·中国近现代史卷》,上海辞书出版社,2013 年,第 56 页;蔡鸿源、徐友春主编:《民国会社党派大辞典》,黄山书社,2012 年,第 40 页。

而栗。又其团体异常固结，会章以手足相顾，患难相扶为要旨，凡属同志皆称手足，遇路人有相斗者，每遇暗号，莫不争先协助，惟恐不力。二百年来，种族思想之表现，渐渐有名无实，独于患难相扶之义，则久而益彰，而海外华侨之加盟者，且较内地尤盛，殆亦团体观念使然。①

洪门以反清复明起家，历经百年，势力庞大，尤为强调会员间患难相扶的精神。因此漂泊海外的华侨，大多选择加入洪门，希望能在异国他乡得到洪门的援助。清末民初之时，洪门虽不再继续从事反清复明的活动，但依旧十分尊重反清的革命人士，因此非常重视和欢迎革命党人加入洪门者，而热衷革命的留学生们也多视联络会党为革命运动之捷径，比如在横滨的三点会中，第一次拜盟者就有冯自由、胡毅生、李自平、陈湘芬、廖翼朋五人。②

在 1907 年前后，加拿大温哥华致公堂的大佬陈文锡和书记黄壁峰③常常关注香港《中国日报》，对冯自由的才华很是欣赏，致公堂设立《大汉日报》后，便想聘请冯自由担任主编。冯自由在香港期间任事积极，活动热烈，目标显露，遭港英当局疑忌，警方多次传讯调查，也劝他主动离境，又恰逢加拿大洪门致公堂在温哥华筹设《大汉日报》，托冯自由推荐主笔，他就自告奋勇，赴加就聘，把党务交给在港新设的南方支部接办，冯夫人李自平仍留在香港，并将私宅作为在港革命同志活动联络场所。

冯自由本人已经加入洪门，身为高级"干部"——"草鞋"（将军），因此他在加拿大期间，一面主持《大汉日报》，宣扬革命宗旨，一面也时常调停当地洪门的内部争执和意见分歧，深得各方面的支持信任。④

---

①　冯自由：《中华民国开国前革命史》，第 111 页。
②　冯自由：《中华民国开国前革命史》，第 114 页。
③　一作"黄璧峰"。
④　黄肇珩、徐圆圆：《冯自由先生百年诞辰——口述历史座谈会纪实》，《近代中国》1982年第 27 期，第 61 页。

在赴加拿大之前,冯自由曾由于护照问题,推迟了赴北美的时间,并在出发前得以再遇孙中山而得到孙中山的鼓励。当时港英当局发给冯自由的护照为报馆主笔签证,但是根据加拿大移民局的条例只能准许教员入境,并没有明文统一规定主签证也能入境。不过好在当时的华商李梦九在加拿大移民局担任翻译员,因此特意商请移民局局长,将冯自由的护照改为教员签证,他才获得入境加拿大的资格。冯自由办理护照转换期间一直停留于香港,孙中山恰好在这个时候从日本去南洋的途中而经过香港,他听闻冯自由即将去加拿大,十分高兴,期待冯自由此次前往,能开辟出一番新天地。

1910 年夏天,冯自由带着孙中山的期盼,乘坐日本轮船伊豫丸抵达了维多利亚,维多利亚致公堂的大佬(盟主)马延远、先锋(纠仪员)谢秋、先生(书记)张挥①及华商李梦九等人前来迎接。随后,冯自由乘邮轮七小时到达温哥华。当时《大汉日报》已经出版了半个月,暂由清廷领事馆书记张泽黎代为编辑,黄溪纯为翻译员。张泽黎虽为清廷领事,但早已加入革命党,此前曾担任檀香山《民生报》的主笔,并与保皇党的报纸《新中国报》笔战多年。② 当时张泽黎正跟随他的叔父驻温哥华清廷领事张康仁来到温哥华,因此在冯自由到来前,致公堂暂时请张泽黎代任《大汉日报》的主笔。

图 3 - 14　张康仁,美国著名华裔律师

冯自由到来后,致公堂的人对他言听计从,使他得以在《大汉日报》上继续宣传革命,并揭露保皇派的真实面目。当时清廷统治已是摇摇欲坠,《大汉日报》在北美极为流行,可以说北美侨胞人手一份。保皇党的宣传机关报《日新

---

① 一作"张辉"。
② 蒋永敬编:《华侨开国革命史料》,台北:正中书局,1977 年,第 109 页。

报》就相形见绌了,于是主动向《大汉日报》挑战。冯自由不惧笔战,"对于康梁邪说,痛加针砭,论文以外,附以粤曲歌谣,尤足发人深省",而且取得了非常好的效果,"半载以后,收效大著,保皇党徒以是登报脱党而服膺革命者,络绎不绝。就中以保皇会现任会长黄孔昭,前任会长叶恩,前《日新报》编辑何卓竟等之脱离康梁关系最为显著。自是保皇会在加拿大之势力,遂一落千丈而不可收拾"①。此时已是1910年,清政府大厦将倾,苟延残喘,《日新报》的衰落亦折射出海外华侨对皇室已逐渐丧失信心。

在《大汉日报》成立前,温哥华便有热血青年组成了以反清革命为宗旨的团体"击楫社",成员有吴子坦、李翰平、黄希纯、吴侠一、黄蔚生等人,不过创立后没有多久便因成员分散在各处而解体。冯自由主笔《大汉日报》后,这些青年开始请求冯自由发起组建同盟会支部。但是冯自由深知致公堂以反清复明起家,向来重视门户之见,会员均以革命老前辈自居,认为革命党是后生小子,此时若是在致公堂的地盘公然组织同盟会团体,只怕会惹恼致公堂,反而造成许多不必要的麻烦,影响日后革命资金的筹措。所以他决定暂时不公开,仍秘密吸纳会员。

冯自由到加拿大半年,仅吸纳了黄希纯、吴侠一、黄子锡、黄纪杰、司徒汉民、黄元仕等十多人入会,他们也在《大汉日报》的工作中鞍前马后为之效劳。1911年农历四月间,加拿大同盟会分会秘密成立,推举冯自由为会长,周连盛为副会长,黄希纯为中文书记。同年农历七月,冯自由离加赴美后,由黄希纯接任会长一职。辛亥革命爆发后,又有数百人加入同盟会。加拿大同盟会分会在创办革命报刊与改良派论战,以及为黄花岗起义筹款等方面做出了突出贡献。② 可以看出,年近而立的冯自由在多年革命事务的浸染下,变得更为冷静理智。

冯自由在担任《大汉日报》主笔的同时,周游加拿大东南各埠,宣传三民主

---

① 《加拿大同盟会史略》,冯自由:《革命逸史》(中),第602页。
② 张宪文、张玉法主编:《中华民国专题史·第十四卷:华侨与国家建设》,第76页。

义,深受侨民欢迎,很多侨民询问冯自由何时能倾覆清政权。经过多番游历,冯自由觉得时机已经成熟,于是在这年冬天,电请孙中山来温哥华,告知加拿大的华侨大多倾向革命,保皇会在此已经失势,此时正是在加拿大筹饷的良好时机。当时孙中山正在南洋槟榔屿和黄兴、胡汉民等人计划在广东起事,正在为筹款的事情忧虑,接到冯自由的电报后,十分高兴,当即前往欧洲,再从欧洲去美洲,然后转道加拿大,在1911年正月初六到达温哥华。①

其时,孙中山在槟城清劳园筹款动员会议前,原拟亲往南洋英、荷两国殖民地各埠,向广大华侨劝募举义经费,并无他去之意,他在1910年11月中旬曾给旧金山美洲同盟会总会发函,希望他们竭尽所能迅速筹集款项,"前函所云需十万元,乃能布置周到而实收成功之效者,非待十万到齐而后发,刻下已开始陆续布置,在在需款矣",并充分表达了举义的决心,"故主动各人,决意为破釜沉舟之举,誓不反顾,与虏一搏。有十万元为事前之布置,固起;无之,亦必冒险而起也。况精位[卫]君已去,吾辈何忍徒生? 若事不成,则宁为玉碎,不为瓦全也。弟亦决意到时潜入内地,亲与其事。故今日若得十万元,则出以安全;不得十万元,则必出以冒险耳。此十万元不过一安全、冒险之问题,非为起不起之问题也。今内地同志既有决死之心,亦何暇计其安险? 但念海外同志必不忍内地同志独出冒险而不一援手,而拯之于安全之地也。故欲各尽所能,以相有济。内地同志舍命,海外同志出财,庶免内地同志有轻掷宝贵性命如精位[卫]君者,则诚莫大之幸矣。弟望美洲各埠同志各尽义务,惟力是视,能筹足十万元固佳,否则多少亦望速速电汇,以应急需,是为至祷。中国与[兴]亡,在此一举,革命军尽此一役也",②此函中孙中山并未表明有亲自赴美之意。

但到了11月24日,孙中山致函康德黎夫人,表示会在两周内乘船前往伦

---

① 桑兵主编:《孙中山史事编年》第二卷,第842页。
② 《致美洲同盟总会同志函》(1910年11月中下旬),《孙中山全集》第一卷,第447—498页。

敦,"但现在我须赴英美办事,将于两周内乘船启行,不久即可到伦敦访谒",①
而且还分别告知李源水、郑螺生、邓泽如、李梦生等人,"因有紧要问题,日间即
须动程亲往欧美","日间即须动程遄赴欧美"。②

1911年2月6日(正月初八),孙中山抵达温哥华,受到包括冯自由在内
的洪门人士热烈欢迎。此后连续三日,孙中山在温哥华致公堂的安排下进行
演说,地址在广东道华人大戏院,演讲主题分别是《中国何故要革命》《非革命
无以救国》《革命成功后之建设与富强》,每次演讲达五小时,每日听众千人以
上,③除了洪门人士和革命党外,中立派和保皇派也有很多会员前来听讲。在
演说之外,还有所谓的"开台演戏",也就是洪门中的加盟之意,主盟者为"老
母",介绍人为"舅父"。孙中山作为主盟人,亲自为众人演讲洪门历史及反清
复明的宗旨,在第一天就有吴侠一等三百余华侨入会,咸称孙中山为"老母",
称冯自由为"舅父",以得孙中山主盟为荣。

冯自由见时机成熟,便向致公堂提议组织洪门筹饷局,"以应国内义师之
需要,众无异议,公推刘儒堃为总办,岑发琛为司库,陈榛如为中文书记,黄希
纯为西文书记,由冯自由草拟若干条章程,以资遵守",孙中山手订《革命军筹
饷约章》四款,规定凡认任军饷至美金五圆(元)以上者,发回中华民国金币票
双倍之数收执,民国成立之时,作民国宝通用,交纳税课,兑换宝银。"此项金
币票已于前一年庚戌正月总理至旧金山时,绘就图样",并由同盟会员李是男
印刷备用,再邮寄到加拿大以发给助饷者,"筹饷局既成立,温埠致公堂首捐港
银一万元,以为众倡,侨众醵资者踵趾相接"。④

洪门筹饷局之所以能顺利进展,与孙中山和冯自由的左右斡旋不无关系。

---

①　《致康德黎夫人函》(1910年1月24日),《孙中山全集》第一卷,第498—499页。

②　《致李源水郑螺生函》(1910年11月26日)、《致邓泽如李梦生函》(1910年11月26日),《孙中山全集》第一卷,第499—500页。

③　梁华平、叶素珍编:《湖北文史资料1991年第2辑(总第35辑):孙中山先生的足迹》,中国人民政治协商会议湖北省委员会文史资料委员会,1991年,第266页。

④　《美洲华侨与辛亥革命》,冯自由:《革命逸史》(中),第773页。

1896 年孙中山游历美洲时,遭遇华侨冷淡相对,"屡访致公堂父老解说革命宗旨,闻者仍以门外汉视之"①,孙中山自称"当予之在美洲鼓吹革命也,洪门之人,初亦不明吾旨。予乃反而叩之反清复明何为者,彼众多不能答也"②,可以说当时的洪门人士对孙中山视同陌路。直到 1904 年孙中山加入洪门后,洪门中一些人这才对他热情款待。

在 1911 年前后,黄兴和赵声等人在香港和广州等地运动,谋划再度发动广州起义,也就是后来所称的黄花岗起义。因起义经费受限,黄兴多次急电孙中山,称广东地区军事已准备完毕,只待款项就绪。不过冯自由向孙中山指出,洪门会员大多属于劳工,如果仅凭他们个人的少量捐助,不免过于耗费时间,并且钱数太少不足以应付起义,但他表示已经查探到各地致公堂的会所都是洪门会员集资建筑的,若能让他们将会所卖掉作为军饷,那将会事半功倍。③ 于是孙中山与冯自由在洪门欢迎宴上极力提倡变卖会所以资助救国起义,因此也就有了 1911 年 2 月 6 日孙中山抵达温哥华后发动组建洪门筹饷局的事情。④

在筹饷局组建后,冯自由协助孙中山在加拿大各地筹款,其方式一般是通过举办宴会的形式进行募集。在维多利亚当地的欢迎宴会上,冯自由传播革命急需军饷的消息,希望在场的洪门会员能够予以接济。致公堂随即召开会议进行研究,冯自由和孙中山报告了起义所需军饷的紧急情形,获得会议全场人员的一致赞同,随后向银行抵押香港银三万元冲抵革命军饷,多伦多的致公堂甚至变卖其会所而获得了港币一万元,也都汇给了香港的《中国日报》,转到统筹部备用。

黄兴接到这笔款项后,异常振奋,当即电复冯自由以示感谢,全文如下:

---

① 冯自由:《中国革命运动二十六年组织史》,上海:商务印书馆,1948 年,第 27—28 页。
② 《建国方略》,《孙中山全集》第六卷,第 231 页。
③ 桑兵主编:《孙中山史事编年》第二卷,第 843 页。
④ 《致旧金山致公总堂职员函》(1911 年 2 月 10 日),《孙中山全集》第一卷,第 509—510 页。

自由我兄大鉴：

连读手书两通，敬悉。自前次收到域多利[按：即维多利亚]致公堂款三万后，即具公函作复，并请转寄一函向域埠致谢，想俱收览。昨午得来电，知温高华又汇到一万元。以加拿大一属而筹得如许巨款，微兄赞助之力，必不及此，佩感何似！第二手书云，兄尚可力任筹饷事，为源源之接济，真是余勇可贾。即从大局论之，事若发起，幸而有成，内地固不乏资，而外力仍不能无赖。以军用浩繁，无能预算，且购械购船等类有不可限之于何方面者。欧美皆须有党中可恃之人，则前途乃大得力，兄能力任于外，匪细事也（日本于日俄战争时期中，其派任专员于欧美者，其得力不止在外交上，彼为成国且然，何况吾党）。现在时期已迫，惟款尚不足，除英属收到四万余元（日厘坤旬在内）西贡、暹罗不过数千，加属四万，美属仅收过金山五千，视预算总额尚差五万元左右。（预算额中以购械为最大宗，盖新军无子弹，则必有为之助者。此事兄可推测而知。而其谋已经告知中山，中山亦大以为然。惟原拟购械之价，今以困于窘难，每个之价常逾于原拟，乃不得已之故）。至当时所预算至十四五万，第一固由规模不得不大，第二则收入之预算，以为英属及西贡、暹罗可得五万（今所差无几），美洲全境可得六七万，荷属可得六万（此为谢良牧、姚雨平、刘子芬数人运动，当港军事部成立时，据彼处资本家报谓八打威、泗水等处已筹定此数也，而岂知其后不然）。今美洲加属亦已筹到四万，金山虽则仅五千，然尚曰仍筹，则美洲或亦去原预算无几。所难堪者，荷属所汇到者至今不及万元，此外则以款绌要缓之电相报，于是荷属之预算收入乃差五万，于全局关系至大。中山东行，则纽约、波士顿、檀香山等处必仍有大望。然能否使时期展开，以待款来，则不可知。此次筹款以加属所得为最巨，即兄之能力可知，若于加属以外，更为中山之助，使得速举，亦所望也。尊夫人闻须待日本船，故至速亦须待月底动身。克如作好字，当交带上。专此，即颂

近安

兴

弟声　　顿首

展堂

毅生因购器事,尚未归港,附及。

正面相,克尚无之,或须设法另晒也。①

根据湖南省社会科学院编《黄兴集》的脚注所言,《革命逸史》初集所收此件时未署时日。但冯自由《华侨革命开国史》中亦载有此信,无"尊夫人……"及以下句和附言,但署有(辛亥)"二月十二日"字样,故此信写于1911年3月12日。② 黄兴在此信中充分肯定了冯自由的筹款能力。

黄兴、赵声、胡汉民还在写给致公堂的信中称:"经济问题自得尊处巨款后,亦已解决过半,若美洲如旧金山大埠等皆能实力相助,则成功必矣。尊处同志闻系先变产业,以急应军需,热度之高,洵为海外所未有,同人等不胜感服。内足以作战士之气,而他埠同志闻风而起者,当亦踊跃倍于寻常矣。"③从中可见,黄兴等人对加拿大致公堂的筹款充满希望,深表感谢。

1911年的广州黄花岗起义部署之初,香港南方支部到处筹款,十分迫切。这一时期冯自由和孙中山在加拿大筹募了大批捐款,供应起义军械,并提供了粮饷等大部分费用。总计此次筹款,仅冯自由在加拿大各地筹募汇到香港的资金就折合港币七万多元,相当于这次起义所花费的总款的一半,"据事后革命军统筹部出纳课报告收支总数,共收到海外各地义捐十五万七千二百十三元,而加拿大实居各地之冠",冯自由筹得巨款,再次体现了爱国华侨们对革命的支持,但这样大力度的支持在一定程度上也耗尽了加拿大当地华侨们的家

---

① 《黄兴、赵声、胡汉民致冯自由书》,冯自由:《革命逸史》(上),第172—173页。

② 参见湖南省社会科学院编:《黄兴集》,中华书局,1981年,第36页。

③ 《与赵声胡汉民致加拿大域多利埠致公堂书》(1911年3月6日),湖南省社会科学院编:《黄兴集》,第35—36页。

底,"然加属此役后,已成强弩之末,欲一时再集雄资,殊非易事"。①

黄花岗起义影响深远,加快了全国革命高潮的到来,孙中山称赞"然其影响世界各国实非常之大,而我海内外之同胞,无不以此而大生奋感"②。冯自由在此次起义过程中所做出的贡献是相当大的,他也表示这次筹款的成功必须感谢其身兼洪门要职,"倘冯非隶洪门党籍,决难收此良好之效果"。③

黄花岗起义虽然牺牲惨重、最终失败,但是给了清政府直接有力的一记重击,是为催生中华民国的一副催化剂。多年以后,冯自由之子冯成仁还记得父亲常常提到当年赴美筹款,"辛亥年,国父筹划黄花岗起义,冯自由在加拿大筹款已有把握,电请国父在渡美途中,先来温哥华一行",关于追随孙中山的革命岁月,这是冯自由觉得最值得追忆的几件往事之一。④

2. 孙中山与冯自由在美国筹款

黄花岗起义在以失败告终后,洪门筹饷局也暂告结束,孙中山也在这个时候离开了加拿大,并于 1911 年 7 月试图仿照在加拿大时期设立筹饷局的办法,在旧金山设立洪门筹饷局。不过当时的美国旧金山致公堂与同盟会难以合作,因此孙中山倡议旧金山致公总堂与同盟会实行组织联合。⑤

孙中山在抵达旧金山后就与致公堂大佬黄三德、《大同日报》社长唐琼昌商量合作办法,孙中山决定让同盟会成员全部加入致公堂。然而李是男等同盟会成员以致公堂入门仪式鄙俚、手续繁多为托词,不愿加入。后在黄三德和唐琼昌等人的协调下,致公堂开设了特别拜盟会,解除了一切烦琐的仪式,删繁就简。同盟会员见致公堂如此重视孙中山,于是欣然答应入会。⑥

---

① 《美洲华侨与辛亥革命》,冯自由:《革命逸史》(中),第 775 页。
② 《致刘易初函》(1911 年 7 月 28 日),《孙中山全集》第一卷,第 530—531 页。
③ 冯自由:《中华民国开国前革命史》,第 115 页。
④ 黄肇珩、徐圆圆:《冯自由先生百年诞辰——口述历史座谈会纪实》,《近代中国》1982年第 27 期,第 72 页。
⑤ 桑兵主编:《孙中山史事编年》第二卷,第 872 页。
⑥ 《美洲华侨与辛亥革命》,冯自由:《革命逸史》(中),第 776 页。

两派合作达成后，孙中山提议效仿加拿大洪门筹饷局，发动洪门全体捐款，并订立了筹饷局缘起和革命筹饷局章程若干条，"议再金山大埠致公堂设立一筹饷局，由众公举人员办理，由孙大哥委人监督。各埠曾捐助军饷者，皆可派一查数员，随时到来查数"，"凡认任军饷至美金五圆以上者，发回中华民国金币票双倍之数收执。民国成立之日，作民国宝通用，交纳税课，兑换实银"。① 不过，为避免节外生枝，对外则将筹饷局命名为"国民救济局"，局中的职员都从致公堂和同盟会员中选任，黄三德为监督，朱三进为正总办、罗敦怡为副总办，李是男为会计，办事处设在士坡福街三十八号致公堂二楼。②

在旧金山筹饷局成立后，孙中山与黄芸苏、张霭蕴等人分赴美国各地进行演说以筹款。但是孙中山仍然担心致公堂与同盟会成员之间积怨多年，仍有隔阂，不能完全协作，于是电请与致公堂关系紧密的冯自由前来协助，冯自由因此从加拿大来到美国，主持致公堂与同盟会合作的事情。

冯自由于1911年9月23日到达旧金山，因为冯自由与同盟会和致公堂双方关系都极为密切，两方在冯自由的协调下，都能对他言听计从，冯自由遂能将筹到款项随时寄到香港革命军统筹部。冯自由称："第一期洪门筹饷局设于加拿大温高华[按：温哥华旧译]，系供应三月二十九日广州黄花岗之役；第二期洪门筹饷局设于美国旧金山，系供应八月十九日前后粤省及各省革命军之需要。两者于中华民国之肇造，厥功非细。"③

在美国期间，冯自由常随孙中山前往各地进行筹饷，并以洪门高级干部的身份，协助孙中山联络旧金山等地洪门和同盟会合作，增强了美洲华侨的革命力量。冯成仁为表达对孙中山的景仰之情，曾引述其父冯自由当年在《大同日报》刊出的声明："孙文大哥痛祖国沉沦，抱革命真理，遍游五洲，驾抵金门[按：

---

① 《洪门筹饷局缘起》《革命军筹饷约章》（1911年7月10日），黄彦编：《孙文选集》（中册），广东人民出版社，2006年，第226—228页。

② 《二十世纪中国实录》编委会：《二十世纪中国实录》，光明日报出版社，1997年，第452页。

③ 《美洲华侨与辛亥革命》，冯自由：《革命逸史》（中），第778页。

即旧金山]与义兄聚集,倡议与同盟会联合,结大团体,匡扶革命事业,同盟会员热心祖国,全体公认其未进洪门者一律入团,联成一气。本总堂叔父大佬义兄等辈极欢迎,开特别招贤之礼,以示优遇,尽释从前门户之分别,翼赞将来光复之伟业,扫虏廷专制恶毒,复汉家自由幸福……"①这篇声明里,冯自由用了不少洪门的专用词名,比如尊称孙文为"大哥",在洪门历史上只有极少数前辈得此尊号。

黄花岗之役后,在香港的黄兴欲亲赴内地暗杀一两名清政府的重臣,以报起义失败之血仇,②经孙中山及冯自由等再三致电劝阻,"始允不亲入内地,而另派员组织暗杀团于广州"③,将刺杀目标锁定为清政府的广东水师提督李准和广东将军凤山。在暗杀团成立之后,孙中山便汇给黄兴一万港币作为暗杀机关的经费,准备在辛亥年九月暗杀广州将军凤山。

1911 年 10 月 10 日,武昌起义爆发,当起义胜利的消息传到海外时,华侨莫不兴奋鼓舞。1911 年 10 月下旬,冯自由在美洲同盟会、致公堂和洪门筹饷局三大革命团体的联合推举下,以"旅美华侨革命总代表"的名义,准备回国参加中华民国南京临时政府的建立工作。④ 12 月 20 日,冯自由抵达上海。孙中山就任临时大总统后,冯自由将中华民国金币券账目带回革命政府以供报销,这也宣告了美洲洪门筹饷局的正式结束。

综合美洲革命派的发展历程来看,其取得的成绩是巨大的。1898 年戊戌变法失败后,由于康有为在海外多年苦心经营,保皇党在美国和加拿大华侨中发展迅速,势力很大。1911 年春孙中山的加拿大之行实际上面临着艰难的局势和紧张的氛围,然而在冯自由的多方协调之下,致公堂不但对孙中山进行严

———————

①　黄肇珩、徐圆圆:《冯自由先生百年诞辰口述历史座谈会纪实》,《近代中国》1982 年第 27 期,第 72 页。

②　葛培林:《孙中山与香港》,广东省中山文史编辑部:《中山文史》第 56 辑,2005 年,第 92 页。

③　《林冠慈、陈敬岳狙击李准》,冯自由:《革命逸史》(中),第 770 页。

④　陈宁骏、欣辰编著:《孙中山就任临时大总统揭秘》,东南大学出版社,2016 年,第 268 页。

密保护,而且承担所有公私经费,为他开展革命工作提供联络渠道和当时所能提供的最好条件。孙中山遂审时度势,以美国致公堂为背景依托,争取其声援,同时依靠冯自由的人际网络,充分开展筹饷活动。孙中山高度尊重加拿大和美国等地致公堂组织的意愿,在他们的帮助下到各地演讲,宣传革命,筹集款项,而且也不忘协助致公堂吸收新成员。

图3-15 孙中山与海外洪门人士的合影,第三排右二为旧金山洪门大佬黄三德

众望所归根基牢,宏图大展云路遥,孙中山卓有成效的宣传鼓动,加之冯自由精心筹划辅佐,使美洲华侨,特别是致公堂人士,为祖国的辛亥革命做出了不可磨灭的重大贡献。①

---

① 邵雍:《辛亥革命与中国社会》,合肥工业大学出版社,2012年,第101页。

第四章

机要秘书稽勋办　革命未竟共讨袁

一　短暂的秘书生涯

　　1911 年 10 月 10 日晚,新军工程第八营的革命党人打响了武昌起义的第一枪,当晚夺取了位于中和门附近的楚望台军械所,轰轰烈烈的武昌起义拉开了颠覆清王朝的序幕。武昌起义之后,汉阳、汉口的革命党人闻风而动,渐次于 1911 年 10 月 11 日夜、10 月 12 日“光复”了汉阳和汉口。起义军顺利掌控武汉三镇,随即成立湖北军政府,黎元洪被推举为都督,改国号为“中华民国”,并号召各省民众起义响应。

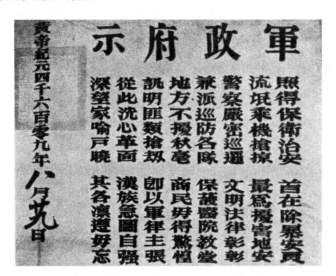

图 4-1　武昌起义后的湖北军政府告示

其实早在武昌起义前夕,黄兴就已经意识到在武汉地区发生起义的可能性,并连续写了两封信给冯自由,描述四川保路风潮和武汉情形,嘱托冯自由继续筹款。黄兴是在武昌起义前六天发出信件,但冯自由收到信件已经是在武昌起义后的二十余天了。不过这两封信充分反映了黄兴对冯自由的重视。①

黄兴在1911年9月30日的信中通报了四川情况,"七月以来,蜀以全体争路,风云甚急,私电均以成都为吾党所得,然未得有确实消息。前已与执信兄商酌,电尊处转致中山先生,请设法急筹大款,以谋响应,尚未得复。今湘、鄂均有代表来沪,欲商定急进办法,因未得接晤,不知其实在情形,故不能妄断"②。

在10月5日信中,黄兴进一步明确说明了武汉地区反抗清政府的情况,"盖鄂省军界久受压制,以表面上观之,似无主动之资格,然其中实蓄有反抗之潜力,而各同志尤愤外界之讥评,必欲一申素志,以洗其久不名誉之耻。似此人心愤发,倚为主动,实确有把握,诚为不可得之机会……即以武汉之形势论,虽为四战之地,不足言守……今既有如此之实力,则以武昌为中枢,湘、粤为后动,宁、皖、陕、蜀亦同时响应以牵制之,大事不难一举而定也"。因此他希望能够继续得到冯自由等方面的汇款援助,就跟广州起义一样,"特由尊处转电中山,想我兄接阅,必为竭力援助。前加属于广州之役最为出力,此纯系我兄血诚所感,故能有此,今更望有以救我。拟得兄等复电后即行"。不过黄兴也表示,即使没有外援,也要举行行动,"总之,此次据居君[按:即居正]所云事在必行,即无外款接济,鄂部同志不论如何竭绌,亦必担任筹措,是势成骑虎,欲罢不得"。③

武昌起义前夕,冯自由正在美国继续筹款,他于1911年9月应孙中山的要求而前往旧金山,不足一月,武昌起义的消息就传到了旧金山。冯自由先是发电给留在香港的妻子儿女,要求他们暂停来美准备,并告知自己将很快回

---

① 《武昌起义与黄克强》,冯自由:《革命逸史》(上),第177页。

② 《致冯自由书》(1911年9月30日),湖南省社会科学院编:《黄兴集》,第64—65页。

③ 《致冯自由书》(1911年10月5日),湖南省社会科学院编:《黄兴集》,第66—67页。

国,已经束装待发的李自平等人遂放弃赴美,等待冯自由回国及进一步的消息。

武昌起义爆发时,孙中山也正在美国继续筹款。根据唐德刚在《从晚清到民国》一书中所述,武昌起义期间,孙中山正在典华城("丹佛"的粤语音译)一家中餐馆当"企台"(粤语即"茶房")。一天,孙中山手捧餐盘,从厨房里走出来为客人上茶,一个同事忽然朝他大叫一声:"老孙,你有份电报。"孙中山拆开一看,不禁喜出望外,原来革命形势发展迅速,革命党人要他立即回国。唐德刚认为这家中餐厅主人卢瑞连与孙中山家族为世交好友和同乡,甚至可能是至亲,因此上述说法具有一定的可信度,并且也可说明先贤缔造民国的艰难。①

图4-2　曾支持孙中山革命事业的
秉公堂(美国丹佛分堂)

然而据《孙中山年谱长编》记载,孙中山于10月11日"抵科罗拉多州之丹佛市(典华城)"②,并在十余日前收到黄兴在香港发来的电报,但因密电码在行李中,而行李已经先寄往丹佛,故不能及时查看电报。抵达丹佛之后,他才查看发现电文中有"居正由武昌到港,报告新军必动,请速汇款应急"等语。可见孙中山此时已被告知武昌地区会发生军事起义。但当时孙中山因车途"体倦神疲、思虑纷乱",未能及时回电,打算次日睡醒精神清爽时再"详思审度而后复之"。③

10月12日,孙中山从报纸得知武昌起义消息,出发赴纽约活动。④ 在得

①　唐德刚:《从晚清到民国》,中国文史出版社,2015年,第387—388页。
②　陈锡祺主编:《孙中山年谱长编》上册,第555页。
③　《建国方略》,《孙中山全集》第六卷,第244页。
④　陈锡祺主编:《孙中山年谱长编》上册,第557页。

知武昌已被革命党占领后,他立即致电黄兴,解释回电延迟的原因,并告知之后的行踪。孙中山很重视国际列强对中国革命的态度,决定暂留海外进行外交活动,待解决外交问题后再回国。孙中山自称:"时予本可由太平洋潜回,则二十余日可到上海,亲与革命之战,以快生平。乃以此时吾当尽力于革命事业者,不在疆场之上,而在樽俎之间,所得效力为更大也。故决意先从外交方面致力,俟此问题解决而后回国。按当时各国情形:美国政府对于中国则取门户开放、机会均等、领土保全,而对于革命则尚无成见,而美国舆论则大表同情于我。法国则政府、民间之对于革命皆有好意。英国则民间多表同情,而政府之对中国政策,则惟日本之马首是瞻。德、俄两国当时之趋势,则多倾向于清政府,而吾党之与彼政府民间皆向少交际,故其政策无法转移。惟日本则与中国最密切,而其民间志士不独表同情于我,且尚有舍身出力以助革命者。惟其政府之方针实在不可测,按之往事,彼曾一次逐予出境,一次拒我之登陆,则其对于中国之革命事业可知;但以庚子条约之后,彼一国不能在中国单独自由行动。要而言之,列强之与中国最有关系者有六焉:美、法二国,则当表同情革命者也。"①在分析了美国、法国、英国、德国、俄国、日本等国家对于中国革命态度后,他认为美国与英国最有可能支持中国革命,于是启程前往纽约,再乘坐船只渡过大西洋前往英国。②

在辛亥革命不断取得成功的消息激励下,以冯自由为代表的华侨们内心喜悦,积极策划如何推动革命取得最终的胜利,一方面纷纷解囊输款相助革命,另一方面选派代表回国参加革命。1911 年 10 月,在华侨们的支持下,冯自由被同盟会、致公党以及洪门筹饷局三个革命团体公推为"旅美华侨革命党总代表"。身负华侨重托的他在 11 月底购买船票,横渡太平洋回国,并于 12 月 20 日抵达上海。③

---

①　孙中山著,文明国编:《孙中山自述》,人民日报出版社,2014 年,第 186 页。
②　陈锡祺主编:《孙中山年谱长编》上册,第 244—245 页。
③　简又文:《革命元勋冯自由》,第 16 页。

图 4-3 华侨资助革命

在冯自由抵达上海的当天,孙中山致函邓泽如,告知他自己次日将抵达香港。① 1911 年 12 月 21 日,孙中山乘坐"地云夏"(Devanha)英邮轮抵香港,当天会见了胡汉民、廖仲恺、李杞堂、陈少白等人,并有广东省七十二行、九善堂、总商会等组织代表前来相商。孙中山在会谈中表示要携带时任广州都督的

图 4-4 1911 年 12 月 21 日,孙中山从欧洲回国途经香港时在船上与胡汉民、廖仲恺等人合影

① 陈锡祺主编:《孙中山年谱长编》上册,第 591 页。

胡汉民一同前往上海,都督一职暂由陈炯明署理,将来由汪精卫回广东担任都督。① 而根据胡汉民的回忆,孙中山对要求其一同前往上海一事决心坚定,胡汉民自己"亦觉所见不如先生之远大,乃服从先生主张,立为书分致竞存[按:陈炯明字]、执信、毅生诸人,使竞存代理都督事,并以命令饬各军服从竞存,皆以授仲恺,使返省,与诸人部署一切。余则与先生同舟而行"。②

图 4-5　孙中山与陈炯明

孙中山要求胡汉民卸任广西都督而与其一同北上的做法在后来导致了粤督就任风波,此事涉及冯自由,下文再详述。12 月 21 日晚,孙中山搭乘邮轮前往上海。在途中,他曾专门致电横滨华侨,传达了革命进展情况。孙中山表示现在南北双方已经休战,转至媾和谈判,虽然革命党志不在媾和,但也并非不希望媾和,战争不是他们的目的,希望横滨诸位华侨对此予以同情,关注事情的进展,"余不日当可与诸君相见,以谢至今所蒙恩谊亲,并与诸君协议吾国之将来一切"。③

12 月 25 日,孙中山抵达上海,在租界码头登岸,迎接者甚众,犬养毅等日本人士也前往欢迎。④ 后乘 176 号汽车赴静安寺哈同花园,由黄宗仰接待,其后会见多人,讨论总统制与内阁制之取舍,以及决定总统人选,等等。⑤

---

① 《补纪孙大总统抵港情形》,《申报》1912 年 1 月 1 日,第 10 版。
② 胡汉民:《胡汉民自传》,《近代史资料》1981 年第 2 期,第 1 页。
③ 《致横滨华侨电》(1911 年 12 月 21 日),《孙中山全集》第一卷,第 571 页。
④ [日]近藤秀树:《宫崎滔天年谱稿》,《辛亥革命史丛刊》编辑组编:《辛亥革命史丛刊》第 1 辑,中华书局,1980 年,第 158 页。
⑤ 陈锡祺主编:《孙中山年谱长编》上册,第 595 页,598 页。

图 4-6 1911 年 12 月 25 日,孙中山抵达上海外滩海关码头

孙中山和冯自由都还停留在上海的期间,各省代表就已经齐聚南京,参加中华民国临时大总统选举。12 月 29 日,奉天代表吴景濂,直隶代表谷钟秀、张铭勋,河南代表李盘,山东代表谢鸿焘,山西代表景耀月、李素、刘懋赏,陕西代表张蔚森、马步云,江苏代表袁希洛、陈陶遗,安徽代表许冠尧、王竹怀、赵斌,江西代表林子超、赵仕北、王有兰、俞应麓、汤漪,浙江代表汤尔和、黄群、陈时夏、屈映光、陈毅,广东代表王宠惠、邓宪甫,广西代表马君武、章勤士,湖南代表谭人凤、邹代藩、廖名缙,湖北代表马伯援、王正廷、杨时杰、居正、胡瑛,福建代表潘祖彝,四川代表萧湘、周代本,云南代表吕志伊、张一鹏、段宇清,共四十三人参与投票选举临时大总统。汤尔和任主席,刘之洁任监选员,候选人为孙文、黎元洪、黄兴,上述到会十七省代表,每省一票,投票结果是孙中山以十六票当选中华民国临时大总统。①

---

① 刘星楠:《辛亥各省代表会议日志》,中国人民政治协商会议全国委员会文史资料研究委员会编:《辛亥革命回忆录》第 6 集,文史资料出版社,1981 年,第 252—253 页。

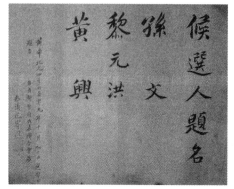

图 4-7　孙中山当选临时大总统

　　得知当选结果后,孙中山并未立即前往南京就职,而是在上海继续处理事务,他一面回电答谢各方对其当选临时大总统的祝贺,一面参与同盟会活动,表示现在民族主义和民权主义已将实现,而欲告大成,尚须多人之努力,况民生主义至今还未着手,"今后之中国,首须在此处着力"。① 同时召开同盟会临时会议,修改同盟会暂行章程,发布《中国同盟会意见书》,谴责"革命事起,革命党消"言论荒谬,"俟民国成立,全局大定之后,再订开全体大会,改为最宏大之政党,仍其主义,别草新制,公布天下"。②

　　1912 年 1 月 1 日上午 10 时,孙中山乘坐沪宁铁路专车前往南京,约于下午 5 时抵达南京下关,夜 11 时于两江总督署举行就职典礼。仪式程序分八个环节:一、奏军乐;二、代表报告选举情况;三、总统致辞;四、代表致欢迎词,并致印绶;五、总统盖印宣誓;六、海陆军代表致颂词;七、总统答词;八、奏军乐。在各省代表景耀月报告选举情况后,孙中山在欢呼"万岁"声中宣读誓词"倾覆满洲专制政府,巩固中华民国,图谋民生幸福,此国民之公意,文实遵之,以忠于国,为众服务。至专制政府既倒,国内无变乱,民国卓立于世界,为列邦公认,斯时文当解临时大总统之职。谨以此誓于国民"③,正式就任中华民国临

---

① 陈锡祺主编:《孙中山年谱长编》上册,第 606 页。

② 《中国同盟会意见书》(1911 年 12 月 30 日),《孙中山全集》第一卷,第 577—579 页。

③ 陈锡祺主编:《孙中山年谱长编》上册,第 615 页。

时大总统。

图 4-8 孙中山当选临时大总统后的合影

孙中山就职典礼比较简单,到底哪些人参加了就职典礼,难于知晓。画家陈坚在 2012 年曾创作油画《孙中山与南京临时政府》,以临时大总统办公室为背景,画中共 29 人,孙中山坐于正中央,两侧各站立 14 人,画面左侧为吴玉章、冯自由、宫崎寅藏、马君武、宋嘉澍、于右任、魏宸组、王宠惠、陈其采、宋教仁、庄蕴宽、蔡元培、黄钟瑛、王鸿猷,右侧为景耀月、黄兴、蒋作宾、胡汉民、林森、徐绍桢、居正、张謇、吕志伊、王正廷、陈陶遗、荷马·李、程德全、伍廷芳。① 陈坚根据诸多历史资料记载,尝试还原当时就职典礼场景;将冯自由列入其中,原因之一想必是孙中山在就任临时大总统后任命冯自由担任总统府秘书处的秘书。

---

① 陈宁骏、欣辰编著:《孙中山就任临时大总统揭秘》,东南大学出版社,2016 年,第 69 页。

图 4 - 9 油画《孙中山与南京临时政府》(陈坚,2012 年)

孙中山就任临时大总统之后,便开始组建南京临时政府,最重要的国务成员在他提出名单后于 1 月 3 日经临时参议院投票通过。根据"总长取名,次长取实"的原则,入选者为:陆军部总长黄兴,次长蒋作宾;海军部总长黄钟瑛,次长汤芗铭;内务部总长程德全,次长居正;外交部总长王宠惠,次长魏宸组;司法部总长伍廷芳,次长吕志伊;教育部总长蔡元培,次长景耀月;财政部总长陈锦涛,次长王鸿猷;交通部总长汤寿潜,次长于右任;实业部总长张謇,次长马君武;参谋本部总长黄兴,次长钮永建。① 同盟会实现了对内阁的实际控制。第一次内阁会议在 1 月 21 日召开,议决大事三件:"(一) 议行政方针,主张中央集权。(二) 筹措军饷,拟将招商局抵押一千万。⋯⋯(三) 和议大定,优待清皇室条件,已由伍总长[按:即伍廷芳]开去,将来清帝退位后,将请袁世凯来南京,以就此间临时政府。"②

---

① 《致陈其美电》(1912 年 1 月 3 日),《孙中山全集》第二卷,中华书局,1982 年,第 7 页。
② 《记新政府第一次阁议》,《申报》1912 年 1 月 25 日,第 3 版。

图 4-10　中华民国临时政府第一次内阁会议　　图 4-11　中华民国临时大总统印

　　除了架构内阁之外,孙中山为便于开展总统业务,专门设置了总统府秘书处,其职责是协助大总统行使职权,负责收发信息,构建信息枢纽,综合协调各个部门的运作,督促落实行政、军务等工作。总统府秘书处设置秘书长一人,秘书若干人,人员均由孙中山直接任命,直接掌理文书、印信、机要、庶务等事项,下设七个小组具体分掌总务、军事、外交、民事、电务、官报、发收。总统府秘书处为总统的直属机构,对孙中山开展工作关系重大,根据担任过总统府秘书的任鸿隽回忆,当时总统府秘书处的具体供职人员如下:

　　　　总统府秘书长　　胡汉民
　　　　总务组组员　　　李肇甫、熊成章、萧友梅、吴玉章、任鸿隽等
　　　　军事组组员　　　李书城、耿伯钊、石瑛、张通典等
　　　　外交组组员　　　马素、张季鸾、邓家彦等
　　　　民事组组员　　　但焘、彭素民、廖炎等
　　　　电务组组员　　　谭熙鸿、李骏、刘鞠可、黄芸苏等
　　　　官报组组员　　　冯自由、易廷熹等
　　　　发收组组员　　　杨铨(杨杏佛)等①

<hr />

　　①　任鸿隽:《记南京临时政府及其他》,中国人民政治协商会议委员会文史资料研究委员会编:《辛亥革命回忆录》第 1 册,中华书局,1961 年,第 411—412 页。

从上述人员架构可知,冯自由是孙中山秘书处中的一员,并担任官报组组长,负责官报文书等事务。除此之外,冯自由还在南京临时政府其他机构任职,协助孙中山行使大总统职能。

图 4‑12　孙中山与冯自由(前排右一)等人合影

除了秘书处,总统府所辖机关还有法制院、印铸局、公报局等机构,由于南京临时政府的行政体制并不完善与固定,在孙中山辞去临时大总统职位后,这些机构有些隶属于国务院总理。法制院于 1912 年 1 月 15 日成立,主要职能有:草拟临时政府各种法律法令案;对法律法令有应修改及增订者,得具案呈报大总统审批;考核各部草订之法律法令案;等等。法制院首任院长宋教仁,副院长汤化龙。印铸局于 1912 年 1 月成立,其职能是掌理官用文书、票卷、勋章、徽章、印信、关防、图记及其他物品事务,首任局长为黄复生。公报局于 1 月 30 日成立,其职能是掌理临时政府公报及缙绅录的编纂及印制发行等事务,首任局长为冯自由,后由但焘接任。①

作为总统府秘书处官报组组长的冯自由兼任总统府公报局局长,负责发

---

① 张宪文、薛文等著:《共和肇始:南京临时政府研究》,南京大学出版社,2012 年,第 158—159 页。

行《南京临时政府公报》。《南京临时政府公报》于1912年1月29日发行第一号，一直到1912年4月5日发行最后一号，共58号。《南京临时政府公报》的主要内容是对外宣布临时政府法令，发表中华民国临时政府中央和地方政事文件、大总统向参议院的咨文、临时政府的重要活动以及各地来电等，同时还设有法制、咨文、令示、纪事、抄译外报等栏目。《南京临时政府公报》为研究孙中山就任临时大总统后的活动、南京临时政府状况、中华民国初期各方面举措及发展等提供了珍贵的史料。

　　冯自由担任总统府秘书期间，除了负责编发临时政府公报外，还被卷入前文所说的粤督选任事件之中。《南京临时政府公报》恰好提供了一些关于此事的线索资料。

图4-13　民国元年中华民国粤省军政府通用银票壹圆

　　民国初年的广东都督（粤省军政府都督）选任事件主要源自孙中山回国后要求时任广东都督胡汉民随其一同北上而导致的广东都督空缺。按照常理，应该由副都督陈炯明继任都督一职，但孙中山有意将此要职授予汪精卫，于是暂由主张北伐的陈炯明署理都督。汪精卫综合考量广东政局后表示，不愿担任此职务。孙中山又相继推荐朱执信、冯自由、邓泽如、胡毅生等人，然而各个人选都拒绝担任广东都督一职，这使广东政局陷入困境，亦使陈炯明处于尴尬境地。虽然最后由胡汉民回任都督一职，但此事已经在孙中山与陈炯明之间形成了间隙。①

就孙中山推荐冯自由担任广东都督一事而论,这已充分说明了孙对冯的信任与重用,但冯自由自知不能驾驭广东局势,遂果断拒绝。1912 年 2 月 1 日,在南京的广东人同乡会诸公前往总统府会同议论,表示陈炯明力主北伐,汪精卫辞任都督,这样会导致广东局势没有人主持,而因从事革命事业多年的冯自由恰好对广州情形比较熟悉,与军、民及各社团也比较融洽,所以推荐冯自由担任都督一职,"竞存北伐,精卫固辞,粤局无人主持。冯自由组织革命事业多年,于广东情形素所熟悉,对于军民及各社团亦甚浃洽,以之督粤,断堪胜任"。孙中山于是致电广州临时省议会,并转同盟会、军团协会、商会、报界暨各团体,对此表示认可,"文为大局计,此间虽甚资冯臂助,仍当徇商人之请,暂为割爱。用特电知,希即会商电复"。② 孙中山随即向在南京的广东各社团询问此一推荐意见是否可行,即是否愿意接受冯自由担任都督一职。

孙中山在发送这封电函的同时,也将同样的情况告诉了汪精卫:"本日据旅宁同乡诸公到府会议,力举冯自由堪胜粤督之任,请电粤商办等情,已照办电粤。诸公并举阁下担任高等顾问,文亦颇以为然。特电知,希复。"③电函中除了表示在南京的广东同乡会推荐冯自由担任广东都督外,还建议汪精卫担任高等顾问。

陈炯明在收到孙中山的电函后,马上发电给孙中山和冯自由:"闻大总统委定自由兄督粤,甚感。炯明行期已逼,急求得代,务恳速即赴任,以定人心。炯明经电请龙济光带所部济军返省,以防新军出发后无主力兵队镇压,昨已派广利先往北海迎载,约初五六日可抵省垣。此间尚有新练模范标一标,留不北发,且有毅生、执信诸兄相助为理,粤省可保无虞。敬乞冯公早莅,俾炯明得与

----

① 付金柱:《民国初年广东都督选任风潮——孙中山与陈炯明分歧溯源》,《浙江社会科学》2009 第 5 期,第 65—69 页。
② 《致广东各社团电》(1912 年 2 月 1 日),《孙中山全集》第二卷,第 56 页。
③ 《致汪精卫电》(1912 年 2 月 1 日),《孙中山全集》第二卷,第 57 页。

图 4‑14　孙中山参加广东烈士追悼会

军士偕行,大局幸甚。"①可见,陈炯明已决心带领新军北伐,所以欢迎冯自由早日来广东,同时通过龙济光部队而安排好了新军出走后的广东布局,并由胡毅生和朱执信协助冯自由管理广东,当可保证广东一切正常运转。

在得知孙中山建议汪精卫担任高等顾问后,陈炯明也发电向孙中山确认此事确否,表示"筹事如麻,倘得精卫相助为理,诚大局之幸。敬乞速复并示行期"②,希望能够得到关于汪精卫回广东的日程安排。在上海的广东人士也有人支持冯自由担任广东都督一职,旅沪广东同志会成员梁燕云、徐礼焯等致电孙中山,表示冯自由担任都督可以巩固广东局势:"冯君督粤,深幸得人,乞即发委任状,促冯君兼程返粤,大局幸甚。"③

广东当时因"光复"多得力于民军,造成了各路民军都以"光复"功臣自居,纷纷拥兵,雄踞一方,以致"拥都督之虚位者仅一人,拥都督之实权者数百

① 《附录·电报》,《临时政府公报》1912年第7号,第1页。
② 《附录·电报》,《临时政府公报》1912年,第12号,第2页。
③ 《附录·电报》,《临时政府公报》1912年第12号,第2页。

人"①,局势非常严峻。虽然有诸多广东人士举荐冯自由担任都督,但是冯自由认为自己虽然算是资格较老的广东籍革命者,可是长期不在广东本地活动,既没有带兵作战的经历,亦没有可以掌握与信任的军队,这样的弱势使其完全不可能掌控广东局势,所以在综合考量之后,他拒绝出任广东都督,并以清帝即将退位的消息告诉广东省议会,因为若清帝退位,北伐亦可取消,陈炯明则自然可顺理成章地留任广东都督。

在南京临时政府选任广东都督期间,清廷计划于2月12日正式宣布清帝退位,2月4日,冯自由将此事电函广东省议会予以告知,希望省议会能够挽留陈炯明,"清廷退位,将有成议,北伐粤军,可遣偏师,毋庸大将亲行,力嘱本会挽留陈督,切勿改选以乱人心"。2月5日,广东省议会遂开特别会议,全体表决仍举荐陈炯明为正任都督,"取消有期代理之约,经备正式公文知会在案",并于2月7日将此事电告孙中山,希望孙中山协助劝说陈炯明不要去职,"请钧处再电竞存君勿萌去志,以定危乱而维大局"。② 孙中山随后致电陈炯明予以挽留,"粤为东南要地,现时秩序未复,人心未安,执事苦心经营,深洽人望,当为地方勉留。即以大局计,无论和战如何,粤亦为最有力之后援,岂可无人以资镇慑",并表示治理广东合适人选难求,"谋百粤之治安,实难求于北伐之大将",希望陈炯明能够同意省议会来电,留任粤督,"顾桑梓以安全局,责任有在,贵能审其重轻,非独文一人之厚望也"。③

这样一来,冯自由可以从广东都督选任事件之中脱身,将精力贯注于新设稽勋局的事务中,他以首任稽勋局局长的身份,搜集革命元勋事迹,并组织派遣稽勋留学。

---

① 段云章、沈晓敏编:《孙文与陈炯明史事编年》,广东人民出版社,2012年,第61页。
② 《附录·电报》,《临时政府公报》1912年第14号,第4页。
③ 《附录·电报》,《临时政府公报》1912年第14号,第2—3页。

二　担任稽勋局局长

1. 稽勋局由来

南京临时政府甫一成立，孙中山、黄兴等人就意识到"稽勋"的重要性，因为中华民国的顺利建立是一系列革命运动的发展和政治合力的结果，如同盟会、光复会等组织筹划的历次起义以及武昌首义、南北议和等等，每个历史事件都有一批历史元勋，可谓"逢人称首义，无兵不元勋"，如何安排这些对革命有功者，成了孙中山面临的一个难题。纵观中国历史上各朝代开创之后的功臣处理，都是一个大问题，如何实现从动荡的战乱时期向和平的建设时期转变，考验着领袖们的智慧。

孙中山所采取的办法之一就是设置稽勋局。"稽勋"即善待革命元勋。常言有谓"论功行赏""加官进爵"，中华民国建立之后，存在"有立功者而已官者，更望因功迁擢，其尽命而不及官者，亦议按事增荫"①的情况，即已经从事官职且对革命成功有帮助的人希望得到进一步升迁提拔，没有做官而对革命有功者也希望得到荫庇照顾，获得一官半职。

但是，中华民国为"共和"之国，孙中山等革命派人士的思想亦非旧思想。1912 年 2 月初，孙中山向参议院提交咨文，文中指出：一、"盖闻劝扬之典，莫要于赏功；服务之官，必望其称职。是故官惟其才，赏惟其功，截然为两事，断未有以官为赏，论功授职者也"；二、"如此则帝王以官赏功之流毒不塞，竟可以不止"；三、"现在统一之局大定，干戈待偃，国家之设官有限，而论功者众，借官为酬，与有功不录，皆伤国本"，明确反对以官职作为有功者的赏赐，若是这样做则跟旧时帝王没有区别，要求为官者必须以才能为根据，以称职为准则。②

---

① 武昌辛亥革命研究中心组编，严昌洪主编，梁华平、严威编：《辛亥革命史事长编》第 9 册，武汉出版社，2011 年，第 231 页。

② 《大总统咨参议院设立稽勋局文》，《临时政府公报》1912 年第 20 号，第 2 页。

图 4－15　临时参议院外景

不过,孙中山同时也认为对于有功劳者,必须予以奖赏,他于同月咨文称"溯我民国,自造谋光复、称兵统一以来,殉义与积功者,既已不可殚数。夫在个人私愿,尽分子之劳,决非市赏,然准建国通法,造公家之利,必当酬庸",所以建议参议院设立稽勋局,"是以急咨贵院,务请速行建议,在临时政府时代,特设一开国稽勋局","对于开国一役,调查应赏应恤之人,分别应赏应恤之等,详订应赏应恤之条",使其有章法可依,规范进行。①

随后,孙中山再次向参议院提交咨文,提出"惟义旗之举,必有所资,诛锄民贼,非可徒手。或助饷于光复之日,或输资于暗杀之辰,毁家纾难,实无以异于杀身成仁。在当日党人筹措军债,曾许偿还,虽出资者以义忘利,而民国坐享成功,莫为之报,何以昭大信而劝方来",他认为赞助革命者非常不容易,对于这样的人必须予以赏恤,这既是对革命党许诺的兑现,也是民国信用的体现,因此建议"稽勋局内可附设一捐输调查科,专调查光复前后输资人民,其持有证券来局呈报,或由他项方法证明者,就其输助金额,给以公债票",即通过稽勋局设置专门的负责机构,对为革命提供资助的民众予以报答。②

----

① 《大总统咨参议院设立稽勋局文》,《临时政府公报》1912 年第 20 号,第 2 页。

② 《咨参议院请在稽勋局内设捐输调查科文》(1912 年 2 月 27 日),《孙中山全集》第二卷,第 132 页。

　　1912 年 3 月初，孙中山第三次向参议院发咨文谈设置稽勋局及捐输调查科一事，强调"兹值大局渐定，酬庸之典，清理之事，亟宜举行"，因此"咨请贵院，将前两案提前决议，迅赐咨复，以便施行"。① 从 3 月 8 日开始，参议院就开始为"政府交议设立稽勋局及捐输调查科案"开第二读会，一直讨论到 3 月 13 日，在审查员报告关于此案审查大旨后，主席请就审查报告讨论公决，讨论结果，主席用起立表决法，以十九人起立，占了多数，可以议决，关于稽勋局设置的提案方获得通过。②

　　在提案获得参议院通过后，孙中山随即命令法制局筹办开设临时稽勋局的具体事宜，并草拟章程，时任法制局局长的宋教仁迅速跟进，很快就拟定了"稽勋局官职令草案十条"，提交参议院审议。

　　孙中山于 1912 年 4 月 1 日主动辞去了临时大总统一职，由袁世凯接任，南北暂时统一，但由孙中山定下基调的稽勋局设置工作依旧照常开展。继任后的袁世凯也表示要调查开国立功尽瘁及死事者，他在 4 月 3 日向陆军部表示："凡夫百战之余生，以及丧元之勇士，不加抚恤，何以酬庸？本总统眷念弗忘，怆怀无似，为此，令仰该部迅速调查民国开国之始其立功尽瘁者及死事者，分别速行议恤，毋涉疏略，致没勋庸，庶慰精诚，亦资借镜。"③

　　稽勋局设置的立法程序亦在稳步推进之中。参议院于 4 月 4 号就"临时稽勋局官制案"进行表决，经过对若干条文措辞讨论修改后，"用举手表决法，多数举手，可决全文"④，通过了《临时稽勋局官制》，该官制共有九条：

　　第一条　临时稽勋局长直隶于国务总理，其职务如下：

---

　　① 《咨参议院请速议决设稽勋局及捐输调查科两案文》(1912 年 3 月 8 日)，《孙中山全集》第二卷，第 195—196 页。

　　② 关于参议院设置稽勋局及捐输调查科的详细经过，可以参见《三月初八日上午九时开议》，《参议院议事录》1912 年第 1—4 期，第 99—114 页。

　　③ 《大总统令陆军部调查开国立功尽瘁及死事者速行分别议恤文》，《临时政府公报》1912 年第 56 号，第 2—3 页。

　　④ 《四月初四日上午九时开议》，《参议院议事录》1912 年第 1—4 期，第 191—192 页。

一稽查开国前各处倡义殉难者；

一稽查开国时为国尽瘁身亡者；

一稽查开国时关于各地方战事宣力著功者；

一稽查开国时于军事上建议划策或奔走运动成绩卓著者；

一稽查开国前后输赀［资］助公者。

第二条　临时稽勋局置职员如下：

局长　　简任

秘书　　荐任

审议员　荐任

调查员　荐任

主事　　委任

第三条　局长一人总理局务，监督所属职员。

第四条　秘书一人承局长之命，掌理机要事务。

第五条　审议员八人承局长之命，审议调查员报告事项。

第六条　调查员专任十人，兼任无定额，承局长之命，分别调查第一条所列举事项。

第七条　主事承局长之命，掌理文书、会计及庶务。

第八条　临时稽勋局为缮写文件及其他庶务得酌用雇员。

第九条　本制自公布日施行。[①]

2. 冯自由与稽勋局工作

临时稽勋局设置后，在孙中山的力荐之下，袁世凯于 5 月 8 日任命冯自由为临时稽勋局局长[②]，冯自由随即按照孙中山赏恤有功者的理念及其前期安

① 《临时稽勋局官制》，《政府公报》1912 年第 84 号，第 3—4 页。
② 《制令：大总统任命稽勋局长令（五月八日）》，《警务丛报》1912 年第 1 年第 6 期，第 7—8 页。

排,开展稽勋局工作,办公地点设在北京东城铁狮子胡同国务院内。冯自由主持的这项工作是辛亥革命后他遵照孙中山思想进行的第一项大规模事业,充分体现了孙中山与冯自由革命后在工作上的协作。因此,有必要对冯自由这一时期的稽勋局事业予以详细阐述,具体可分为稽勋局的机构与人员设置、稽勋局的赏恤调查工作、稽勋局的派遣留学工作等三大块。

(1) 稽勋局的机构与人员设置

根据《临时稽勋局官制》中关于临时稽勋局审议员、调查员、秘书、庶务、录事等安排,冯自由积极鼓励有经验者进入稽勋局从事工作,但人员一直未充满。据冯自由1912年11月22日的呈文,临时稽勋局设秘书一人,审议员八人,调查员十人,主事六人,其中提及名姓者:秘书彭素民,审议员易廷宪、张通典、雷铁崖、查光佛四人,主事戴戡、李性明、曹恭翊、黄性泉四人,[①]调查员未知。而结合他在《革命逸史》中的记载,担任过稽勋局调查员的有徐万年、蔡大辅、牟鸿勋、胡子晋、熊越山、黄希纯、李性明、彭琦、高一某、雷飙、龚永、邱任元、戴戡、易昌楫、郭凤山、于德坤、张霭蕴、赵中鹄、顾人宜等二十余人。[②]

参议院在审议官制时删去了稽勋局在各省设立分局一节,冯自由为了便于稽勋局在各省开展工作,在其就任局长伊始就致电黎元洪和黄兴,希望在广州、武昌、南京三处设立调查会,由熟知革命事迹的人担任调查员,以协助稽查工作,"广州、武昌、南京三处战事最多,应请各设调查会一所,以重其事,其余各省应请各都督克日遴选调查员若干人,以详知当日革命事迹者充之,由局荐任分头稽查、随时汇报外,并请各地方人士各以所知函告本局,以匡不逮"[③]。

1912年7月,冯自由再次向黎元洪及各省都督直接呈文,希望在各省设置临时稽勋局某省调查会,以该调查会为"本局辅助机关",从而"务期丰功伟

---

① 《临时稽勋局局长冯自由呈国务总理开具本局荐任委任各官名单请分别呈荐任命暨备案文(附单)》,《政府公报》1912年第208号,第15页。

② 《民元临时稽勋局小史》,冯自由:《革命逸史》(中),第616页。彭琦原文缺略作"彭□"。

③ 《稽勋局局长冯自由致黎副总统黄留守各都督电》,《政府公报》1912年第22号,第7页。

烈,炫耀人寰,生荣死哀,昭兹来许".① 他为此专门制定了《临时稽勋局各省调查会暂行章程》:

第一条　临时稽勋局以官制未制定及办事细则与赏恤章程未规定之时期,就便利上酌设调查会于重要省分[份],因暂规定会章如下:

第二条　临时稽勋局指定必须设立调查会之省分[份]得咨请各该省都督设立,其会名当按照该会驻在地名之,但须冠以临时稽勋局名义于上(例如在南京者,则名为临时稽勋局江宁或江苏调查会,在武昌者,易名为武昌,他省仿是)。

第三条　各省都督有监督调查会之权,但同时应负筹办维持之责。

第四条　各省调查会会所经都督认可,得设立于都督府内,但都督亦得指定其设立于他处。

第五条　各省调查会直隶于临时稽勋局,并受各该省都督管辖,其关于呈报文件直接达局或请以都督名义咨局,该会员得酌量办理。

第六条　各省调查会关于调查事项须用公式式行达于该省各属各官厅各机关时,得由会长呈请都督核定,以都督名义行之。

第七条　各省调查会设会长一人,专任及兼任会员若干人(其规定应视各该省赏恤事件之繁简,由该会长拟定,呈请都督核准),录事若干人,由该会长自定雇用,仍呈报该省都督咨局存案。

第八条　各省调查会其职掌专任调查及其报告其关于审议及赏恤事项,临时稽勋局主之,但该会对于赏恤有意见及良好办法时,可随时具说贴于临时稽勋局或该省都督采择。

第九条　各项赏恤章程至为繁重,应俟临时稽勋局拟呈决定后

---

① 《临时稽勋局咨黎副总统各省都督文》,《政府公报》1912年第87号,第3页。

颁布各该会遵守。

第十条 各会费用由各省都督暂为筹备。

第十一条 此章程有修改时,临时稽勋局随时令知该会知照。①

借助于在各省设置调查会的举措,冯自由得以将稽勋局的工作扩展至重要省市,并取得各省军政要员的支持。各省(市)负责稽勋局调查会的主要人员名单如下:

表4-1 临时稽勋局各省(市)调查会主要负责人一览表

省(市)	人名
湖北	蔡济民、徐达明、王文锦
广东	朱执信、邓铿、黄侠毅
上海	陈其美、杨谱生、高一某
江苏	程德全、林述庆、彭琦
浙江	俞炜、龚宝铨、徐则恂
福建	彭寿松、郑烈、黄乃裳
安徽	孙毓筠、柏文蔚、陈策、凌毅
江西	李烈钧、龚永、蔡公时
湖南	柳聘侬、王延祉、郑人康
新疆	杨增新、冯特民
陕西	张凤翙、井勿幕
山西	阎锡山、景定成
奉天	张锡銮、杨大实
四川	尹昌衡、张培爵
云南	蔡锷、罗佩金、赵坤、雷飙
广西	陆荣廷、刘古香、张铁臣
河南	杜潜、王天纵

① 《临时稽勋局各省调查会暂行章程》,《政府公报》1912年第87号,第3—4页。

（续表）

省(市)	人名
山东	周自齐、徐镜心、邓天一
贵州	杨荩诚、张百麟、周培艺
直隶	冯国璋、杨以德

资料来源:《民元临时稽勋局小史》,冯自由:《革命逸史》(中),第616—617页。

在做好中央和地方的机构及人员配备之后,稽勋工作陆续展开。工作进行半年之后,冯自由担心"沧海遗珠,挂一漏万",又要求各省议员、调查员推举各省及海外各埠曾参与革命活动的同志,由稽勋局聘为临时稽勋局的名誉审议员,这些人包括陈少白、章太炎、孙眉、宋教仁、蔡元培、于右任、居正、宫崎寅藏、平山周、萱野长知等二百余人,另推黄兴、黎元洪为审议会名誉议长,希望审议员们于"审议会开会时出席讨论,或用函电商榷,以补调查所未及"。①

(2) 稽勋局的赏恤调查工作

在冯自由的主持下,稽勋局的赏恤调查工作主要分为编订赏恤章程以确立赏恤标准,以及调查、审议革命事迹与人物贡献两个内容。

其一,编订临时稽勋局赏恤章程。概而言之,就是将审议勋绩的标准按照开国前后分为三个时期,对应三个层级:1895年10月孙中山等在广州起义至1911年10月武昌革命为开国前,称为第一期;从武昌革命至民元1月南京政府成立,为开国时,称为第二期;从民元南京政府成立至2月12日清帝退位翊赞共和时,称为第三期。单就偿还捐输革命金额而言,"一切褒奖抚恤即依此项标准,别为甲乙丙丁戊己庚辛壬之九等审定之。例如辛亥八月十九日[按:公历1911年10月10日]前捐助革命军饷一元,可抵民元一月一日前捐饷十元,又可抵二月十二日清帝退位前百元是也"。②

1912年8月12日,在冯自由草拟的基础上,北洋政府正式颁布了《临时

---

① 《民元临时稽勋局小史》,冯自由:《革命逸史》(中),第618页。
② 《民元临时稽勋局小史》,冯自由:《革命逸史》(中),第618页。

稽勋局暂订赏恤章程草案》。第一章规定民国开国之勋绩类别列为五种，即"（甲）开国前各处倡议殉难者；（乙）开国时为国尽瘁身亡者；（丙）开国时关于个地方战事宣力著功者；（丁）开国时关于个地方战事建议划策，或奔走运动，成绩卓著者；（戊）开国前后输赀［资］助公者"。第三章规定了赏恤法，分为"九鼎勋章九级、虎熊勋章九级和醒狮勋章九级"等三种九级，三种勋章按级给予年金及勋金赏金亦有详细规定，"九鼎勋章年金（每年给予）：一级千元、二级八百元、三级六百

图 4‑16　光复纪念章

元、四级五百元、五级四百元、六级三百元、七级二百元；虎熊勋章勋金（一次给予）：一级千五百元、二级千二百元、三级千元、四级八百元、五级六百元、六级四百元、七级三百元、八级二百元、九级百元；醒狮勋章九级（临时酌量给予）：一、二、三、四、五级为名誉褒赠无赏金，六、七、八、九级赏金数目临时酌定"。此外，该章程草案还规定了忠裔褒恤法、赏恤规则、请赏请恤规则、赏勋给予证明书规则、年抚规则、恤金给予令规则等等。[1]

其二，调查、审议革命事迹与人物贡献。通过临时稽勋局的制度设计和各省调查会的设置，临时稽勋局得以通过中央和地方双层架构对革命事迹和人物贡献进行调查。由于此项调查是临时稽勋局工作的基石与核心，冯自由对调查工作非常关注，一方面就稽勋之事呈报大总统或致电地方，希望得到最高层的重视与地方要员的协助，另一方面时常身体力行，亲自赶赴地方进行指导，以推进稽勋调查的开展。

首先，就稽勋之事呈报大总统或致电地方，希望得到最高层的重视与地方要员的协助举例而言。1912 年 8 月 8 日，冯自由呈报大总统袁世凯，希望援引《中华民国临时约法》中的特赦规定，明令各地方长官保护有功民国人员，"凡开

---

[1]　《临时稽勋局暂订赏恤章程草案（附表）》,《政府公报》1912 年第 104 号,第 11—26 页。

国前后有功民国卓著勋劳人员,各地方长官不得以嫌疑擅加刑戮",即使犯有刑法之事,"亦当从轻末减予以自新"。① 1913 年 1 月,鉴于舆论界宣传造势对鼓吹革命的重要性,"溯自武昌起义,四方风动,民气勃郁,如火如荼,遂能成厥大功,旧邦新造,此固由英烈头颅血肉之所构成,而报界鼓吹之功亦殊巨大",冯自由致电广州等处各个报馆,希望得到报馆的协助以编写革命实录,其所致电的报馆有广州《中国日报》、《国民报》、《南越报》、《时事画报》、《平民报》、《震旦报》、《人权报》、香港《公益报》、上海《神州报》、《民立报》、《天铎报》、北京《国风日报》、《国光新闻》等十三家,表示"本局拟编纂武昌起义前报界鼓吹革命实录",该实录大纲分为四大部分,"一、报之历史;二、主笔;三、创办人;四、出资者",恳求各个报馆予以协助,"务请大报等各自详细报告"。②

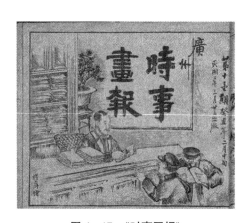

图 4‑17 《时事画报》

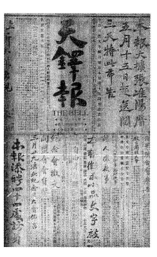

图 4‑18 《天铎报》

1 月 13 日,冯自由向袁世凯申请经费拨款,以建筑山东烈士专祠。根据山东都督周自齐将临时稽勋局驻山东调查会会长蒋洗凡转致冯自由的函电所示,"民国成立以来,各省死义诸烈士多建筑祠宇,崇祀英灵",而山东至今尚未

① 《酬勋:临时稽勋局长冯自由呈大总统请援照约法令各地方长官保护有功民国人员文》,《政府公报》1912 年第 128 号,第 23—24 页。

② 《临时稽勋局局长冯自由致广州等处各报馆电》,《政府公报》1913 年第 254 号,第 10 页。

设有烈士祠,但山东为国殉难者不下二百余人,希望能够为殉难烈士设立祠宇,并查明"大明湖内张公祠东院有空房一所……略事修葺,自壮观瞻,所费无多,"估计所有修缮费用约需千金,冯自由随即向袁世凯呈报,要求"拨公款以兴工",该呈文顺利获得通过。① 1月17日,冯自由再向袁世凯呈文,详细陈述前鲁军总司令王传炯的学问与功绩,"拟准补授海军中将",在冯自由的呈文中,王传炯"当北省互相观望军警戒严之时,独能首先光复烟台,建立山东军政府,为北省革命之根据地","自武昌起义,海军人员能以独力恢复重要地方,牵动北方全局者,实为该总司令一人",而如"该总司令之职位崇显、学术优长、经验丰富、功绩昭著者,尚付阙如",因此请准予前鲁军总司令、烟台都督王传炯比照蓝天蔚奖叙办法而补授海军中将,该呈文亦获得批准。②

1913年3月22日,宋教仁被暗杀于上海火车站,冯自由特呈袁世凯,要求对宋教仁予以赏恤并立传。他在呈文中简单地回顾了宋教仁的一生,称赞其为"世界革命史中之最有声光者",希望袁世凯令财政部照临时稽勋局改订暂行赏恤章程甲等例,优给一次恤金3 000元,遗族年抚恤金1 500元,"以慰勋人而安忠裔,并祈将该总长[按:即已故农林总长宋教仁]丰功伟烈饬令国史馆立传,使天下后世晓然于革命伟人缔造共和之艰难,而后是非明而公理出",其结果是冯自由的呈请获得了批准。③

其次,就时常身体力行,赶赴地方进行指导,以推进稽勋调查的开展举例而言。1912年8月3日,冯自由向袁世凯呈文,希望亲赴各省征求关于稽勋局所拟赏恤草章的意见,以期无滥收亦无遗漏。他表示"赏恤之典既巨,则考

① 《公文:临时稽勋局局长冯自由呈大总统据山东都督咨称建筑烈士专祠等情请批准立案文并批》,《政府公报》1913年第250号,第11—12页。

② 《临时稽勋局局长冯自由呈大总统缕陈前鲁军总司令王传炯学问功绩拟准补授海军中将请鉴核施行文并批》,《政府公报》1913年第254号,第8页。蓝天蔚,湖北黄陂人,辛亥革命中曾与吴禄贞、张绍曾等人密谋于东北举兵起义。后任中华民国军政府临时关东大都督,在东三省等地革命起事工作中贡献突出。

③ 《临时稽勋局局长冯自由呈大总统遵拟已故前农林总长宋教仁照改订暂行赏恤章程甲等例优给恤金并令饬国史馆立传文并批》,《政府公报》1913年第320号,第10页。

察之道宜周,审议之职贵精,则调查之法当密,偶一不慎,贻误非轻",担心稍有疏漏,"即上无以对忠烈,下无以示来兹",所以拟定亲自携带"本局所拟议之赏恤章程草案赴武汉、宁、沪、闽、粤各处征求各都督意见,且与调查员接洽,详示稽勋手续,并藉[借]此考察各战地情形,与夫当时光复状况"。① 该呈文获得批准,于是有了冯自由自 1912 年 9 月开始亲自考察各地的外访经历,一直持续到 11 月底。

根据冯自由考察结束后的汇报所示,他认为东南各省是起义的初始之地,调查不易,"江海诸省赓续光复各有先后,各有难易情形,每有互异,调查一事确非仓猝所能竟功",必须要亲自"遍赴南方各省,面与各都督设会调查"。冯自由的行程是先从北京乘船至上海,然后前往南京,历访陈其美、程德全、朱瑞三位都督,再返回上海转赴广东。他在广东受到胡汉民、陈炯明、朱执信、邓铿等人的热烈欢迎,在调查了当时广东存在的都督府与省议会矛盾之后,又考察了多处"往迹",包括"乙未广州中山先生倡议之役,庚子惠州三州田之役,甲辰广州洪全福之役,丁未潮州黄冈之役,钦州防城之役,戊申钦州黄兴之役,庚戌广州倪映典之役,壬子广州黄花岗之役等",②继而赴沪拜谒了孙中山,并报告调处广东都督府与省议会之经过,孙中山对此甚为称许。③

在上海短暂休整后,冯自由抵达杭州,考察了浙江革命事迹,再"循江上溯沿岸,辄登于九江、安庆各处,颇得赣、皖当日之情形",搜集了江西与安徽的事迹,最后前往湖北武汉。由于武汉是首义之地,情况亦更加复杂,"深知武汉情形,其复杂万难,有非他省所能比拟者。盖以此次民国建立之原,其首义在鄂军人尚义志士,联络密谋,垂十余年,功成一旦,遂谋抵御,乃因党派纷杂,意见不一,战时死伤亦最多,故本局所设之调查会虽甚先而仍难于进行。盖以鄂中发

---

① 《临时稽勋局局长冯自由呈大总统本局所议赏恤草章拟亲赴各省征求意见以期无滥无遗等情文并批》,《政府公报》1912 年第 97 号,第 4 页。

② 《临时稽勋局局长冯自由呈大总统报明前赴南省调查情形并拟定进行大要请鉴核批示文并批》,《政府公报》1912 年第 211 号,第 5—7 页。

③ 《民元临时稽勋局小史》,冯自由:《革命逸史》(中),第 624—625 页。

难之新旧机关有日知会、共进会、文学社之三团体,其派别均源于同盟。自由到鄂时,察知其种种困难,遂劝令各团体各举起重要人物,出而协助,期各得详实而不流于偏重",考察完武汉后返回北京。袁世凯对冯自由此行的评价是"该局长周咨博访,备费筹维,深堪嘉许,应仍随时督促,认真审议,以竟全功"。①

　　总之,到1913年,各省(市)调查会与调查员相继将调查所得的关于革命事迹与人物贡献的材料送至北京临时稽勋局,临时稽勋局针对每项事迹与贡献审议决定具体的赏恤举措;同年年底,通过临时稽勋局的审议而被认定为应该享受赏恤与褒赠的人数合计逾四万。

(3) 稽勋局的派遣留学工作

　　在辛亥革命后,一部分革命党人就将目光投向海外,希望学得一技之长以报效祖国,早在1912年3月14日,南京临时政府针对尹志锐等出国留学的意愿,就曾表示其"现复热心向学,拟赴外洋",同意"给洋一千五百元",资助其出国留学。② 因此,如何安排中途辍学投身革命的学生及有志之士就成为南京临时政府需要考虑的一个问题,解决该问题的举措之一就是稽勋留学项目。稽勋留学生可以说是中华民国的首批留学生,也是近代留学教育中比较特殊的一个群体,而稽勋留学的设立与孙中山及大总统秘书处密切相关。

图 4-19　稽勋留学生合影

---

　　① 《临时稽勋局局长冯自由呈大总统报明前赴南省调查情形并拟定进行大要请鉴核批示文并批》,《政府公报》1912年第211号,第5—7页。

　　② 《陆军部发给尹志锐等出国川资学费缴稿》(1912年3月14日),中国第二历史档案馆编:《中华民国史档案资料汇编》第2辑,江苏人民出版社,1981年,第476页。

在南北议和达成清帝逊位条件,以及孙中山将临时大总统位让与袁世凯后,大总统秘书处诸多秘书面临着后续发展的选择,有些秘书同意北上至北京做官,或留任原职,或转至其他部门任职,而以任鸿隽为代表一批青年秘书则不愿为利禄奔走,希望能够赴海外深造,学习更多有用的科学知识,时任秘书长的胡汉民亦有此念,任鸿隽随即草拟呈文,以胡汉民领衔具名,呈报给孙中山。

孙中山本人也曾游学海外,他坚持革命道路的立场,与其海外经历联系密切,感同身受的他对这批青年的意愿非常重视。虽然孙中山因需要倚重胡汉民而将其名字除去,但是批准了该呈文,表示这批青年"有功民国,向学甚诚,未便湮没",于是命令教育部"特案全数派遣",此案在临时大总统更迭后由唐绍仪带至北京,旋将此事交给已经隶属于国务院的临时稽勋局"比照赏恤例"进行办理。在孙中山的授意下,冯自由立刻向袁世凯呈报"窃查该员等多留学外洋,闻风慕义,辍学归来,各表所长,相助为理,勤劳数月,厥绩实多,即未曾出洋留学诸员,亦多在本国学堂肄业有年者",希望予以批准,"予迅赐提前派遣,以彰劳勋而励学风,不任激切之至"。①

不仅如此,鉴于革命后求学者甚多,冯自由提出两个变通方法,"一则中央及各省大学专门学校高等中小学校已设者不少,拟请嗣后对于烈士后裔及异常出力人员持有本局证明书者,一律准免学费,按其程度分配何校何级。一则自前年起义以后,学生中途辍业,亲赴各地运动革命,至今格于成例,不能返校者,拟请嗣后对于此种学生一律准其续学,亦须持有本局证明书",即由各级学校接纳革命烈士后裔入学,并让辍学者继续入学。②

此外,教育部还于1912年9月制定了派遣临时稽勋局咨送人员出洋留学

---

① 《临时稽勋局呈大总统请资送孙前总统批准派遣南京服务各员出洋留学文》,《政府公报》1912年第88号,第4—5页。

② 《临时稽勋局局长冯自由呈大总统拟请嗣后中央及各省大学专门等学校对于烈士后裔及异常出力人员持有本局证明书者一律准免费其辍业起义各学生并准进校续学文并批》,《政府公报》1913年第260号,第8—9页。

办法,该办法共十一条,如下所示:

一、被派诸员应于北京、上海两处取齐,其在北京者,限本月底来部填写愿书,领取川资治装费、第一次三个月学费及留学证书等项,在上海者限十月初十日以前赴上海通商交涉使署填写愿书,领取川资治装费、第一次学费及留学证书等项。

二、凡由海轮出发所需护照,概向上海通商交涉使署领取,其由西伯利亚铁道出发者,应由本部给发。

三、凡填写愿书时,应取得临时稽勋局给予之证书,呈请存据,始能发付川资等项。

四、填写愿书时,应自备半身四寸相片四纸,愿书、护照及留学证书上各贴一纸,另一纸由本部寄交留学国代表,以凭核对。

五、留学回国之学生应同时出发,惟往英、德、法三国者或乘海轮或由铁道,各从其便。

六、出发之前应将船名及出发期告明本部,其往美国者,先由本部电嘱旧金山总领事照料上岸。

七、出发之期最迟不得过十月底。

八、抵留学国后,限于三日内一面赴所在国代表署呈请注明到境日期,一面将行抵该国日期、就学日期及住址呈报本部,嗣后住址如有更变,亦应详报。

九、如留学地点距代表署较远,可向附近领事署报到,再由领事将证书转送代表核验、签注,再行发还该生收执。

十、此项留学生非毕业于原入学校或经教育总长特许,不得转学他国或他校。

十一、凡本部所定留学规程,该生等应一律查照遵守。①

在稽勋留学事项得到批复后,冯自由随即选择了 25 人,于 1912 年 10 月呈送教育部派遣留学,并由政府拨付 2.2 万余元②作"行资及治装费",由上海出发前往留学的国家。第一批稽勋留学人员情况如下:

表 4 - 2　第一批稽勋留学人员情况表

姓名	籍贯	留学国别	专业
张竞生	广东	法国	文科
谭熙鸿	江苏	法国	经济
杨铨	江西	美国	实业
冯伟	广东	英国	路矿
曾广智	广东	美国	路矿
萧左梅③	广东	德国	教育学
饶如焚	广东	日本	法科
邵逸周	安徽	英国	矿学
刘式莑	安徽	美国	机械工程
刘鞠可	广东	美国	路矿建筑工程
黄芸苏	广东	美国	文学与群学
任鸿隽	四川	美国	化学
赵昱	广东	美国	政治学
邝辉	广东	美国	机器
余森	广东	美国	机器

---

① 《教育部派遣临时稽勋局咨送人员出洋留学办法》,《政府公报》1912 年第 152 号,第 23—24 页。

② 在以往的一些关于稽勋留学的研究中,将此"行资及治装费"误写为 2.5 万元,实际应该是 2.2 万余元。参见李少军、卢勇:《民国初年的稽勋留学生述论》,《湖北社会科学》2005 年第 7 期,第 116—118 页;姜新:《辛亥革命与稽勋留学》,《民国研究》2014 年第 1 期,第 204—212 页。按:"行资"即"川资",均指路费。

③ 原文有误。应指萧友梅。

（续表）

姓名	籍贯	留学国别	专业
王夏	四川	美国	经济
宋子文	江苏	美国	机械工程
何超	广东	日本	
曾鲁光	云南	日本	
何建南	广东	日本	
邹卓然	广东	日本	
彭砥	广东	日本	
熊传第	江苏	日本	
李文彬	广东	日本	
何春田	广东	日本	

资料来源：《稽勋局选派留学生》，《教育杂志》1912 年第 4 卷第 8 号，第 56 页。

图 4－20　张竞生留学证明

第一批稽勋留学生的派出，引发了更多有识青年希望借助稽勋留学项目以出国学习，其中就有后来成为著名地质学家的李四光，教育家任鸿隽等人。

图 4-21　青年李四光

图 4-22　任鸿隽

湖北青年李四光在得知不少革命党人通过稽勋赏恤出国后，认为"自己既然力量不够，造反不成，一肚子的秽气，计算年龄还不太大，不如再读书十年，准备一份力量"①，随即向黎元洪副总统提出了派遣出国留学的要求。由于同出身湖北的黎元洪对湖北革命党人采取笼络策略，李四光的要求被允准。1912 年 11 月初，黎元洪致电临时稽勋局，力陈李坦光（即李四光）等二十二人"劳勘卓著，精力富强，应请饬交该局汇案，咨送西洋，俾宏造就"。该电由冯自由于 1913 年 1 月转致袁世凯，将此案与夏仁澍等呈请留学案②并举，以武昌首义功勋重大为由，"惟武昌为首义之区，非各省被动者可比，当日奋臂一呼，朝野震骇，苟非群策群力，坚忍不拔，何能构成今日之民国"，希望通融办理，该呈报获得了批准。③

---

①　李宏升编著：《李四光的青少年时代》，山西人民出版社，1999 年，第 60 页。

②　《临时稽勋局局长冯自由呈大总统遵查夏仁澍呈恳援例派赴英国留学一节请交教育部核办文并批》，《政府公报》1912 年第 198 号，第 16 页。

③　《临时稽勋局局长冯自由呈大总统遵查黎副总统电称李坦光等拟汇送西洋留学一案应准通融办理分期遣派请批示祗遵文并批》，《政府公报》1913 年第 264 号，第 16 页。

此后又有多人申请通过稽勋留学项目出国留学，包括孙中山任临时大总统期间的秘书张霭蕴①。于是第二批稽勋留学生多达 53 人，其中彭丕昕、李援、黄大化、喻毓南、胡宁媛、刘博文、裘祝三、金章、张树梅、张铮、孙韬、吴永珊、孙琬、孙珽、陈桂清、李景、徐振、李挟、卓文、张霭蕴等 20 人赴美国；黄桓、王嘉猷、杨子嘉等 3 人赴比利时；陈映琳、周予觉、吴昆吾、朱广才、朱广儒等 5 人赴法国；林启庸、朱芾煌等 2 人赴英国；熊成鳌、胡铁生、倪映斗、范芬、张纶、范其务、陈铭枢、萧冠英、廖鼎铭、郭冠杰、李骏等 11 人赴日本；由黎元洪举荐的李四光、甘绩熙、萧佐汉、黄元吉、陈克明、王世杰、蒋文汉、高振霄、丁仁杰、胡干城、李律、陈铁侯等 12 人"未呈明愿赴何国"②，其后可知李四光、王世杰两人是前往英国留学。稽勋留学的留学生回国后，颇有建树，如回国后李四光从事地质工作，成为著名的地质学家，担任地质部部长，当选为中国科学院院士；王世杰后效力于国民政府，先后担任过国立武汉大学首任校长、教育部部长、外交部长等职。

在第二批稽勋留学生派出后不久，冯自由又于 7 月中旬呈请袁世凯派赴第三批稽勋留学生，他表示此次需要派遣留学生共 66 名，其中有汪精卫、张群、朱家骅、戴季陶（天仇）等人，"俱皆向学情殷，放洋不果，前者出发，后者未便向隅。本局职任稽勋，伟绩固乐酬庸，人材尤殷培植"，望准予留学。③

上述呈文呈报后获得了批准，只可惜此时南、北两派阵营已势同水火，"二次革命"一触即发，冯自由不仅被免去临时稽勋局局长一职，而且身陷囹圄。以革命党人为主体的第三批稽勋留学生项目自然不会得到袁世凯北洋政府的财政支持，而以汪精卫（兆铭）为代表的革命党人也放弃了留学，或起程回国，或留在国内，继续投身于反袁革命，第三批稽勋留学项目遂无果而终。

---

①　《临时稽勋局局长冯自由呈大总统拟将前总统府秘书张霭蕴追加于第二期派遣赴美留学请批示准行文并批》，《政府公报》1913 年第 280 号，第 18 页。

②　《临时稽勋局通告》，《政府公报》1913 年第 415 号，第 9 页。

③　《临时稽勋局局长冯自由呈大总统请将第三期派赴东西洋留学生汪兆铭等出发费饬部速发乞鉴核批准施行文并批（附表）》，《政府公报》1913 年第 431 号第 25 页。

为记录与纪念未成行的第三批稽勋留学生,特录 66 人情况如下:

表 4－3　第三批稽勋留学人员情况表①

姓名	籍贯	拟留学国别	姓名	籍贯	拟留学国别
汪兆铭	广东	法国	李朋	浙江	日本
张承槱	湖北	美国	欧庆初	广东	美国
梁定蓟	广东	美国	方君瑛	福建	法国
褚重行	浙江	法国	卢极谭	广东	英国
方汉成	安徽	日本	李丞	广东	美国
郑灼	广东	美国	李溁	福建	比利时
陈淑南	浙江	德国	喻继香		比利时
朱葆康	江苏	美国	汤达	江苏	日本
张传琨	浙江	德国	彭素民	江西	日本
朱家骅	浙江	德国	赵勇昭		日本
陈宪民	四川	法国	吴坚		日本
张承		美国	何其雄		日本
梁定吴	广东	美国	洪承蒸	江苏	日本
曾仲明	福建	法国	邹震汉		日本
邝林	广东	美国	朱大猷	广东	美国
陈剑虹	广东	比利时	何克平	广东	法国
杨乃荣	浙江	德国	赵寔魁		西洋
张群	四川	英国	蔡大辅		西洋
蒋志清	浙江	德国	陈国桢		西洋
周廷勋	浙江	德国	钱守范		西洋
杨德六	浙江	法国	戴天仇	浙江	法国
俞思澜	浙江	美国	王传熊	江苏	美国
李宏	浙江	日本	张君谋	浙江	英国

---

① 表中"西洋"指留学欧洲,具体国家未知。原表"曾仲明"有误,应指曾仲鸣。

（续表）

姓名	籍贯	拟留学国别	姓名	籍贯	拟留学国别
傅梦豪	浙江	日本	何贯中		日本
曾醒	福建	法国	李伴奎		日本
陈冰如	广东	法国	陈新		日本
陈中兴	广东	美国	林佐群		日本
李凤生	福建	法国	黎勇翔	广东	法国
李光驷		比利时	陈铣侯		西洋
沈复兴	浙江	法国	赵寔诗		西洋
俞铸	江苏	日本	罗良骏		西洋
巫玉麟	广东	日本	陈道行		西洋
岑树阶		日本	曾尚武		西洋

资料来源:李滔主编:《中华留学教育史录(1840—1949)》,高等教育出版社,2005年,第238—240页;据《临时稽勋局局长冯自由呈大总统请将第三期派赴东西洋留学生汪兆铭等出发费饬部速发乞鉴核批准施行文并批(附表)》,《政府公报》1913年第431号》原表校订。

　　稽勋留学对近代中国发展意义重大,这在一定程度上要归功于孙中山与冯自由。二人都有长时间的海外学习经历,国外先进的技术、制度、思想等都深深刺激了他们并塑造其价值观,进而影响二人革命活动,所以他们希望能够通过派遣海外留学生以培养更多的近代化人才,于是稽勋留学成了二人共同完成的一件大事。从稽勋留学生回国后从事的行业及其人生经历来看,稽勋留学的贡献巨大,比如其中任鸿隽、李四光、宋子文、杨杏佛、王世杰等人都在中国历史进程中留下了浓墨重彩的一笔。

　　总之,稽勋留学事业

图 4-23　杨杏佛(居中者)与李济、鲁迅合影

在发扬辛亥革命精神,褒奖革命志士,促进留学活动,推动近代化进程等方面都发挥了巨大的积极作用。

1914 年 2 月,继任稽勋局长的许宝蘅呈请取消稽勋局:"本局前以审议勋案手续完竣,拟请先行裁局,并酌留人员办理余务等情具呈,于本年一月十四日,奉大总统批准在案。查本局额设荐任官审议员八人、调查员十人、秘书一人,委任官主事六人。上年九月间,曾奉院令裁撤审议员六人、调查员四人,除原有悬缺未补之审议员一人外,计尚有审议员一人、调查员六人、秘书一人、主事六人、聘用之顾问员及襄办审议员十人、雇用之办事员十二人,现已酌留审议员戴戡、调查员费榘、代理秘书调查员史久望及主事各员办理余务,其余秘书张景羲一员,调查员郭凤山、雷飙、何知非等三员,均已由局饬令停职,应请转呈大总统免去本官。至聘用雇用各员,亦已由局分别辞退。各该员等数月以来,均属昕夕从公,始终不懈,方能如限竣事。惟各该员等多系有用之才,若以机关裁撤,竟俱废弃,未免可惜。拟请分别给奖录用,以示鼓励。"对此,熊希龄呈请袁世凯"除将该局此次裁撤各员由院分别存记,并饬局查明在局办事尤为出力各员另行择优开单呈请给奖外,所有秘书张景羲,调查员郭凤山、雷飙、何知非等员,应请免去本官,一并由院存记"。① 熊希龄的呈文得到了袁世凯的批准,稽勋局遂基本上退出了历史舞台。

三 参与中华革命党

1. 加入中华革命党

在冯自由积极从事稽勋事业的同时,国内局势发生了剧烈变动,尤其是袁世凯亲信于 1913 年 3 月 20 日暗杀了积极从事国会选举活动的宋教仁后,国民党人与袁世凯的矛盾就不断激化。孙中山于 3 月 25 日回到上海,召集众人

---

① 《请裁撤稽勋局各员呈袁世凯文》(1914 年 2 月 23 日),周秋光编:《熊希龄集》(五),湖南人民出版社,2008 年,第 98 页。

商量如何应对宋教仁案,由于诸人意见不一,国民党内部无法形成统一意见。① 关于宋教仁案,冯自由于1913年3月29日向孙中山指出:"浙人姚振声是总统府及内务部侦探,1912年由袁世凯赴南方侦察南京临时政府,两月前与应夔丞秘密联系,日前与应一起南下。若拿获此人,可破宋案。"②

图4-24　宋教仁被刺后,孙中山在上海举行会议,决定发动"二次革命"。图为孙中山、黄兴同与会人员合影

在孙中山统筹重整国民党内部之际,袁世凯则采取了多种手段应对孙中山等人的发难。首先,加紧扩充自身实力,于4月完成了2 500万英镑的"善后大借款",准备用这笔巨资购买军械,收买南方海陆军和新当选的国会议员,以及分化国民党,等等。其次,于5月2日由段祺瑞代理国务总理,组成"战时内阁",并在翌日发表了针对孙中山、黄兴等国民党人的"除暴安良"令。最后,于6月9日

图4-25　善后大借款

---

① 陈锡祺主编:《孙中山年谱长编》上册,第791—794页。

② 桑兵主编:《孙中山史事编年》第三卷,第1563页。

免除李烈钧的江西都督一职,6月14日免除胡汉民的广东都督一职,6月30日免除柏文蔚的安徽都督一职,并兵分三路向江西、安庆和南京进发。

在袁世凯咄咄逼人的攻势逼迫之下,李烈钧于7月12日在江西湖口誓师,召开紧急军事会议,决定武装讨伐袁世凯,发布《讨袁檄文》,号召"国民宜亟起自卫,与天下共击之"①,并通电宣布约法三章,"(一)誓诛民贼袁世凯;(二)巩固共和政体;(三)保障中外人民生命财产"②,"二次革命"自此而始。

7月15日,黄兴在南京组织江苏讨袁军;7月16日,陈其美在上海通电讨袁;7月17日,柏文蔚在安庆宣布安徽独立并讨伐袁世凯;7月18日,陈炯明在广东宣布独立、讨袁;福建、湖南、重庆等地亦先后响应独立、讨袁。孙中山亦亲自发布电文,力劝袁世凯辞职谢罪并避免战火:"为公仆者受国民反对,犹当引退,况于国民以死相拼? 杀一不辜以得天下,犹不可为,况流天下之血以从一己之欲? 公今日舍辞职外决无他策……"③

但是,在袁世凯有充分准备且主动采取军事行动的背景下,实力偏弱的讨袁军很快被各个击破,孙中山本人在革命开始前也痛苦地承认"本人自去年以来所鼓吹之袁中心主义深入人心,今一旦使其产生反对之观念,实属至难,多数希望和平,结果大事难图"④。7月25日,湖口失守,8月18日,南昌被占,李烈钧出逃日本,随后南京、上海、安徽、福建、广东、湖南等地革命势力相继失败,到9月12日,四川讨袁军失利,历时两个月的"二次革命"无果而终,孙中山、黄兴、胡汉民等都逃亡日本。

由于冯自由曾是孙中山的机要秘书,国民党人与袁世凯当局之间的战争也影响到了他个人的人身安全。根据冯自由的回忆,因"二次革命"的缘故,他

---

① 《江西讨袁军总司令李烈钧檄文》,罗家伦主编:《革命文献》第四至第六辑,台北:"中央"文物供应社,1984年,第759页。

② 李烈钧撰,天啸撰:《李烈钧将军自传 李烈钧将军出征巡记》,中华书局,2007年,第24页。

③ 《致袁世凯电》(1913年7月22日),《孙中山全集》第三卷,中华书局,1984年,第68—69页。

④ 陈锡祺主编:《孙中山年谱长编》上册,第824页。

被北京警察逮捕并关押了五天，险些遇难。具体经过如下。在李烈钧发起"二次革命"后，冯自由就意识到了形势岌岌可危，稽勋局势必不保，于是派各调查员携带各自省份的册籍出京，第一批恤死档案有两大箱。由于稽勋局中有被袁世凯收买的密探充当录事，冯自由的所有行动都被袁世凯和戒严司令部得知，遂有逮捕冯自由的密令。7月22日晚上8点左右，冯自由前往广东籍国会议员设在李铁拐斜街的俱乐部，不久就有大批警察前来搜捕，将冯自由和在场的八名国会议员全部逮捕，并押解至南城牛血胡同警察分署。次日关押到总警察厅，总警察厅厅长王治馨于下午有条件地将国会议员释放，仅留冯自由一人继续关押。后有同为同盟会老会员的内务部参事程克来看望冯自由，得知冯自由表态自己出狱后愿意前往美洲，程克表示会尽力向戒严总司令赵秉钧设法营救。到26日下午，当冯自由自认为重获自由无望之际，王治馨忽然将其释放，并由警察送回西草厂胡同住宅。7月27日，冯自由在警察的监视之下，匆忙出逃北京，先前往天津，停留两日后乘坐德国轮船转至上海。① 此为冯自由受"二次革命"牵连而被捕的始末。

在此过程中，冯自由因四点原因差点身死。其一，冯自由私自将稽勋局册籍转移出京为事实，足以定罪。其二，在冯自由离开天津之后就有天津警察厅和日租界警察对其暂居地进行搜查，若离开稍迟，则难以免祸。与冯自由同车从北京逃至天津的广东籍议员伍汉持就是在冯自由离津之后被天津警探跟踪逮捕，未经审讯便被非法枪毙。其三，北京警察搜查冯自由在西草厂胡同住宅时，发现了居住在香港的冯自由妻子的来信，内有"袁贼"字眼，足以兴大狱而致冯自由于死地。其四，湖口誓师后，在上海的老同盟会会员函电催促冯自由南下："吾兄于此青黄不接之交，万不宜作依违两可之计"。该电文被刊登在上海各报，袁世凯依此亦可将冯自由入罪。② 在"二次革命"的疾风骤雨中，冯自由得以保全性命，实堪幸运。虽然有袁世凯方面的威胁，但出京后的冯自由矢

---

① 《民元稽勋局小史》，冯自由：《革命逸史》（中），第625—626页。
② 《民元稽勋局小史》，冯自由：《革命逸史》（中），第626页。

志不渝，紧跟孙中山，加入反袁行列之中，并积极参与中华革命党的组建及其在美洲的支部发展工作。

1913 年 8 月 18 日，孙中山移居至由头山满安排的赤坂区灵南坂町 27 号海妻猪勇彦家，①开始检讨"二次革命"失败的原因及思考之后的举措。当时的国民党要员对"二次革命"失败的原因都进行了各种总结，而孙中山将国民党精神涣散视为其中一个重要原因。在 1915 年致黄兴的电函中，孙中山称："癸丑之役，文主之最力，所以失败者，非袁氏兵力之强，实同党人心之涣。"②他认为是国民党人心涣散导致了革命的失败，于是决心改组国民党，"务在正本清源：（一）摒斥官僚；（二）淘汰伪革命党，以收完全统一之效，不致如第一次革命时代，异党入据，以伪乱真"③。

1913 年 9 月 27 日，孙中山正式筹组中华革命党，吸收第一批党员，首先在东京立誓入党的五人为：王统、黄元秀、朱卓文、陆惠生、马素，其入党号数依次为一、二、三、四、五号。④ 中华革命党为后人所诟病者在于，它改变了同盟会和国民党时期的民主选举组织原则，借用旧式会党落后的组织手段，尤其是采取向孙中山宣誓效忠的做法，引起黄兴等人的不满。兹举王统的誓约为例如下：

> 立誓人王统为救中国危亡，拯民生困苦，愿牺牲一己之身[生]命自由权利，附从孙先生，再举革命，务达民权、民生两目的，并创制五权宪法，使政治修明，民生乐利，措国基于巩固，维世界之和平，特诚谨矢誓如左：一、实行宗旨；二、服从命令；三、尽忠职务；四、严守秘密；五、誓共死生。从兹永守此约，至死不渝，如有贰心，甘受极刑。
>
> 中华民国浙江省永嘉县王统亲笔（指印）

---

① 陈锡祺主编：《孙中山年谱长编》上册，第 839 页。

② 《致黄兴函》(1915 年 3 月)，《孙中山全集》第三卷，第 165 页。

③ 《中华革命党宣言》，罗家伦主编：《革命文献》第四至第六辑，第 570 页。

④ 陈锡祺主编：《孙中山年谱长编》上册，第 851—852 页。

民国二年九月二十七日(中华革命党党部印)①

10月,戴季陶、陈其美、田桐等23人在东京由孙中山主盟,加入中华革命党,张静江、蒋介石在上海宣誓入党;②11月,何天炯、熊克武等57人在东京宣誓加入中华革命党,上海地区也有2人;③12月,东京地区又有熊秉坤、谷正伦、林森等113人加入中华革命党,上海和大连也分别有10人和6人入党。④

图4‒26　中华革命党党证与印章

孙中山在东京筹组中华革命党之际,冯自由经由上海回到香港与家人团聚,其父冯镜如于1913年冬去世,因龙济光占据广东东部,并附和袁世凯称帝,冯自由终不能为冯镜如送终与奔丧,抱恨终身。⑤ 到1914年1月,冯自由启程前往美洲,需要经由横滨转轮船,得以拜谒孙中山。

1914年1月6日,日本《朝日新闻》和《报知》两报误刊孙中山致电袁世凯

① "中华民国"各界纪念国父百年诞辰筹备委员会学术论著编纂委员会主编:《国父年谱》上,台北:"中华民国"各界纪念国父百年诞辰筹备委员会,1965年,第492页。
② 陈锡祺主编:《孙中山年谱长编》上册,第858页。
③ 陈锡祺主编:《孙中山年谱长编》上册,第860页。
④ 陈锡祺主编:《孙中山年谱长编》上册,第865页。
⑤ 简又文:《冯自由》,黄季陆主编:《革命人物志》第六集,台北:"中央"文物供应社,1971年,第177页。

恭贺新年的信息,恰逢冯自由于该天下午访问孙中山,孙中山随即邀请冯自由与萱野长知共同商议如何纠正此报道错误,最后三人决定由萱野长知前往两家报社,明确告知绝无此事。① 同时孙中山要求冯自由重写入党誓约,冯自由对此"欣然从之",积极响应,成为在中华革命党正式成立之前加入的第 242 人。② 1 月下旬,冯自由从横滨出发前往美国,积极开拓与运营国民党美洲总支部。

图 4 - 27　萱野长知

2. 经营国民党美洲总支部

图 4 - 28　谢英伯

国民党美洲总支部设在旧金山,规定每年冬季由全体党员直接选举次年的正、副支部长及各科干事。1913 年冬,选举产生谢英伯为正支部长,黄芸苏为副支部长。1914 年 2 月,冯自由抵达旧金山,谢英伯和黄芸苏以需远赴哥伦比亚大学肄业为由,遂一起辞去党职,总支部成员于是推选冯自由代理正支部长,冯自由则推荐已经赴美但停留于夏威夷的林森担任副支部长一职,林森欣然应允。

不久,美洲总支部就接到了孙中山关于改组中华革命党的命令,具体有三个:第一个命令是通令各港口党部取消国民党名目,今后须一律改称中华革命党;第二个命令是海外国民党员须一律重新填写中华革命党誓约及加盖指模;第三个命令是海外

---

① 陈锡祺主编:《孙中山年谱长编》上册,第 870 页。
② 《林故主席与美洲国民党》,冯自由:《革命逸史》(中),第 629—630 页。

各党部应即设立筹饷局,以此为起兵讨伐袁世凯之需。冯自由在结合美洲总支部实际情况的基础上,向孙中山汇报取消国民党名义一事会影响到筹饷,此事难以实行。因为以革命党名义公然筹款会触犯当地的禁令,所以他向东京本部和孙中山力争要在表面上仍然维持国民党名义,以免招致当地政府干涉。孙中山在权衡之后同意了冯自由的建议,特许美洲总支部保留国民党名义,因此在《中华革命党宣言》中方有"党为秘密团体,与政党性质不同,凡在外国侨居者,仍可用国民党名义,内容组织则更张之,即希注意"[1]的规定。随后冯自由与孙科一同访问国民党法律顾问那文律师,请其在当地政府将国民党登记为法人团体以便利用慈善事业筹款,并以"Chinese Nationalist League"作为国民党的英文名。

在东京,孙中山于1914年7月8日正式召开中华革命党成立大会,地点是筑地精养轩,参加者有二百余人,此次成立大会通过了《中华革命党总章》、《中华革命党宣言》、《革命方略》及《誓约》等文件。在会上,孙中山宣布就任总理,并当众宣誓加盟、盖手印,由胡汉民主盟,陈其美和居正介绍,孙中山的入党号数为161号,誓约号数为641号。[2]

图 4-29　筑地精养轩

① 《中华革命党宣言》,罗家伦主编:《革命文献》第四至第六辑,第570页。
② 陈锡祺主编:《孙中山年谱长编》上册,第891—892页。

图 4-30　中华革命党成立大会合影

冯自由虽然没有参加成立大会,但其早已提交誓约书,为中华革命党的当然党员。在中华革命党时期,冯自由继续服膺于孙中山的革命精神与革命事业,这不仅体现在其被选入领导阶层,而且还可以通过他在美洲积极为中华革命党的讨袁事业筹款反映出来。

1914 年 9 月 1 日,中华革命党发布成立通告,根据宣言中所规定的关于本部的组织架构,设置总务部、党务部、财政部、军事部和政治部,委任了 832 名各级干部,其中,总务部部长陈其美、副部长谢持,党务部部长居正、副部长冯自由,财政部部长张静江、副部长廖仲恺,军事部部长许崇智、副部长周应时,政治部部长胡汉民、副部长杨树堪。[①] 冯自由虽远在美洲,但被任命为党务部副部长。此外,中华革命党在国内 18 个省成立了支部,在海外更是建立了 39 个支部和 45 个分支部,党员发展到一万多人。冯自由所在的美洲支部就是海外支部之一。

为配合孙中山在东京成立中华革命党的行动,冯自由在美洲亦积极开展行动,主要包括:组建民国维持会以募捐革命款饷;创办报刊以宣传革命精神;组织社会团体以开展军事教育。

----

① 　肖效钦主编:《中国国民党史》,安徽人民出版社,1989 年,第 76 页。

第一,组建民国维持会以募捐革命款饷。

1914年5月初,冯自由将国民党美洲支部所设讨袁筹饷局定名为"民国维持会",并推荐林森担任民国维持会的会长,自己担任维持会的监督一职,该会的具体架构如下:

表4-4　国民党美洲支部民国维持会的组织架构

职务	姓名
会长	林森
副会长	温文炳
监督	冯自由
文牍书记	陈达三、邓以介
英文书记	孙科、赵鼎荣
司库	郑藻森
核数	梁树南
法律顾问	那文律师
评议部部长	汤汉弼
评议员	龚显斋、马锦兴、高铁德、李是男、黄伯耀、刘殿生、朱伯元、陈披荆、欧汉英、李培芬、刘日初、廖达生、陈树苹、刘达朝、朱箕赏

资料来源:参见《林故主席与美洲国民党》,冯自由:《革命逸史》(中),第632页。

7月初,林森抵达旧金山履职,后至纽约。中旬,黄兴亦抵达旧金山①,国民党美洲支部组织侨民们举行盛会欢迎,报名入党的侨民络绎不绝。在侨民的热情参与下,冯自由与林森商议分赴各个城市筹款,规定每一党员每年至少捐助所得一个月工资,直到袁世凯当局倾覆。该提议获得支部的批准,遂派遣谢英伯、邓家彦、冯自由、高铁德四人分赴全美各地,向侨胞募捐讨袁军饷,邓家彦和谢英伯前往中部城市,冯自由前往南方城市,高铁德前往北方城市,最终约定日期在纽约会合。

冯自由此次筹款旅途耗时四个多月,每到华侨居留之地必下车演说募捐,

---

① 毛注青编:《黄兴年谱》,湖南人民出版社,1980年,第353页。

由于他当时兼任美洲致公总堂会长一职,备受洪门同志优待,因而所获资助非常多。在筹款之余,冯自由还劝令未设有国民党分部的地方组建分部或通信处,先后设立者有二十多处。统计民国维持会筹款的最终成果可知,至袁世凯去世为止,维持会共向东京本部寄送日元120多万元,筹款成绩位居海外南北各地支部第一。①

图4-31 美洲中国致公党总部

第二,创办报刊以宣传革命精神。

民国维持会的筹款活动之所以能够取得较大成绩,各地报纸期刊的宣传鼓吹是重要原因之一。这些报纸期刊既包括各地已经存在的日报,也包括冯自由参与编辑的报刊,主要有《少年中国晨报》《自由新报》《新民国日报》《民气报》《醒华日报》《民口月刊》。

《少年中国晨报》于1910年冬在旧金山创刊,由李是男、马醴馨等人执笔。《自由新报》于1907年在夏威夷创刊,由吴荣新、许直臣等人主笔。《民气报》由

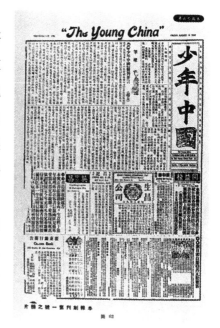

图4-32 《少年中国晨报》

---

① 《林故主席与美洲国民党》,冯自由:《革命逸史》(中),第633页。

谢英伯、赵鼎新等人于 1914 年在纽约创刊。《新国民报》于 1914 年在加拿大的维多利亚发刊，由冯自由担任名誉总编辑，夏重民、谢英伯等人先后主持。《醒华日报》于 1914 年在加拿大的多伦多发刊，由许一鹗、侯民一等人担任编辑。

图 4-33　孙中山为《少年中国晨报》题词

《民口月刊》(*The People's Tongue*)最初由谢英伯发起，在刊发了第一期之后，改由冯自由担任主编。冯自由重组了编辑部，聘用谢英伯、孙科、王祺、陈耿夫、陈茹玄、吴一飞、马醴馨、黄伯耀、夏重民、陈树人等负责杂志的撰译工作。该刊不仅旗帜鲜明地抨击袁世凯专权，而且在美洲发行至第十二期之后转移至东京，发布中华革命党本部的文告。《民口月刊》一直刊发至第二十四期，到袁世凯去世后方才停刊。①

《民口月刊》还发行了冯自由撰写的《三次革命军》小册子，鼓吹"三次革命"。《三次革命军》在东京印刷，现存苏曼殊为该书所作的题词，照录如下：

　　冯君懋龙，余总角同窗也。少有成人之风，与郑君贯一齐名，人称"双璧"。会戊戌政变，中原鼎沸，贯一主持清议于粤五稔。一夕，掷笔长叹曰："粤人多言而寡要，吾知其终无成也。"遂绝食而殒。君亦翩然退征，与余不相见者十有余载。前年于上海遇之，正君仓皇去国之日。余方愿其有迈世之志，用释劳生，比日君自美利坚国观巴拿马大会造游记以归，更有撰述，命余作序。余愀然告君曰："久病之人，终日解衣觅虱而外，岂能共君作老健语耶！"

　　君有澄清天下之志，人但谓广东人有生为乱，而不知君故克己笃

---

①　《林故主席与美洲国民党》，冯自由：《革命逸史》(中)，第 633 页。

学之人。若夫傅斆所云"志大心劳,能合虚誉"者,期无望已。

曼殊题①

《民口月刊》向世人揭露"二十一条"的内幕,称"中日有秘而未宣之密约",引起袁世凯强烈的不安与愤怒,袁氏遂下令查禁。1915 年 10 月 12 日,内政部饬令江苏省巡按使和各警察厅厅长、各道道尹、各县知事,以"事关国际交涉,岂可任意虚诬致惑观听"为由,要求查禁《民口月刊》,不得代为邮传销售,并攻击《民口月刊》"提倡构乱之言论,实属违背报纸条例,亟应认真取缔",②这从反面证明了冯自由和《民口月刊》在讨袁上的贡献。

第三,组织社团以开展军事教育。

"二次革命"失败后,旅美的很多国民党员愤愤不平,希望从事军事教育,以备"第三次革命",于是组织社团学习军事。早在 1903 年,留日学生就曾在"养成尚武精神,实行民族主义"的宗旨下,组建军国民教育会。此时段之军事教育团体在一定程度上可以说是继承了军国民教育会。

美洲地区开展军事教育,起于黄芸苏等在 1914 年春组建秘密团体——救国社,目的在于募款讨袁和训练航空人员。该团体在中华革命党正式改组之后遂宣布解散。1914 年夏,伍横贯等人组织军事研究社,推冯自由为名誉社长,目的在于将军事常识灌输给各地党员,其方式为函授式教学,邮寄讲义油印本给有意向的学员,其中冯自由编写了讲义的部分内容,主要是介绍制造炸药、炸弹,以及电气发火、化学发火、钟表发火等方法。1916 年,在孙中山的命令之下,居正在山东潍县组织了中华革命党东北军,军事研究社响应,由伍横贯领导军事研究社诸多成员加入华侨义勇团(伍横贯本人担任该团副团长),纷纷回国参加东北军。③

①　苏曼殊:《苏曼殊作品》,时代文艺出版社,2004 年,第 56 页。

②　《饬江苏巡按使公署(饬第五千七百九十六号):遵照部咨查禁乱党冯自由所辑民口杂志》,《江苏省公报》1915 年第 667 期,第 10—11 页。

③　《林故主席与美洲国民党》,冯自由:《革命逸史》(中),第 634 页。

图 4-34　华侨义勇团飞行队在潍县

　　冯自由在美洲支部的活动还有推荐林森担任支部长、建议召开全美洲国民党恳亲大会等。1914 年冬，国民党美洲支部举行次年的正副支部长及干事改选大会，冯自由推荐的林森当选正支部长，自己则当选副支部长。由于林森一直到 1915 年夏才从纽约回到旧金山，此间的支部事务均由冯自由主持。冯自由提出了扩张党务的两个提案：一是仿照基督教青年会发展会员的办法，通告全美洲各个城市的分部限期吸收发展党员，每一党员至少要吸纳一名侨胞入党；二是借旧金山举办巴拿马运河落成博览会的机会，召集全美洲国民党党员举行恳亲大会。第一个提案因有些分部担忧会造成滥收党员的后果，暂时予以保留；而第二个提案所促成的恳亲大会则成为海外华侨的一次盛事，巴拿马运河博览会董事团更是特别予以国民党各种便利，定其中一日为国民党日。[①]

　　此次美洲国民党恳亲大会于 1915 年 7 月 24 日在旧金山开幕，8 月 3 日闭幕，到会者有国民党各城市支部代表数百人，推举黄兴为名誉会长。孙中山曾在 7 月 8 日致电国民党美洲支部，预祝美洲国民党恳亲大会顺利召开，电云："亲仁善群，树德务滋，百尔君子，念兹在兹。"[②]而作为发起人的冯自由已经于 1915 年 7 月因公回日本东京了。

　　①　《林故主席与美洲国民党》，冯自由：《革命逸史》（中），第 636—637 页。
　　②　陈锡祺主编：《孙中山年谱长编》上册，第 952 页。

关于冯自由未能参加恳亲大会而急于回日本的原因主要有两点。其一，当时革命党人意见存在分歧，即使是改组后的中华革命党也存在缓急两派，袁世凯于 1915 年 5 月 9 日签订《民四条约》，部分接受了日本给出的"二十一条"，主张暂停革命的党员虽有幡然醒悟的势态，但全党终究未能一致对外，孙中山对此感到困扰，希望能有人为其排忧。其二，冯自由在中华革命党成立时就被任命为本部党务部副部长，但冯自由一直未述职，东京本部亦希望冯自由回到本部去参加党务工作。①

根据《孙中山年谱长编》的记载，孙中山于 1915 年 7 月 1 日下午与冯自由商量促进党内团结问题。② 冯自由在横滨上岸，孙中山派萧萱、苏无涯、严华生在码头迎接。冯自由立即赴东京拜谒孙中山，汇报了国民党美洲支部的情况，表示旅美同志们主张各派应该团结一致，以推翻袁世凯、拥护共和为宗旨，孙中山对此十分嘉许。数日后，孙中山宴请周孝怀和章严行，由冯自由、胡汉民、戴季陶、居正、廖仲恺、谢持、邓铿作陪。③

按《孙中山年谱长编》的记载，7 月 18 日，冯自由与孙中山商谈后准备离日返美，④但根据冯自由本人的回忆，他离开日本后并不是返回美国，而是受孙中山的委派，前往菲律宾，募集讨袁军饷。冯自由在马尼拉居住了二十余日后，返回香港陪伴家室，并调查中华革命党讨伐龙济光的进行情况，11 月，赴东京拜谒孙中山，受其委托前往澳大利亚悉尼开拓党务；又于 12 月中旬抵达夏威夷，准备前往悉尼，但不久因蔡锷在云南组织护国军，孙中山通令全党同志发动中华革命军予以策应，冯自由遂取消澳洲之行，于 1916 年 1 月底回日本，协助孙中山。⑤

---

① 参见《林故主席与美洲国民党》，冯自由：《革命逸史》(中)，第 638—639 页；简又文：《冯自由》，黄季陆主编：《革命人物志》第六集，第 178 页；陈锡祺主编：《孙中山年谱长编》上册，第 870 页。

② 陈锡祺主编：《孙中山年谱长编》上册，第 952 页。

③ 《林故主席与美洲国民党》，冯自由：《革命逸史》(中)，第 639 页。

④ 陈锡祺主编：《孙中山年谱长编》上册，第 952 页。

⑤ 《林故主席与美洲国民党》，冯自由：《革命逸史》(中)，第 639 页。

第五章

护法运动斥北洋　国共合作失党籍

一　当选国会议员

　　1915 年 12 月 12 日,袁世凯申令,接受"推戴"为"中华帝国"皇帝,下令改次年为"洪宪"元年。袁世凯复辟帝制的行为,被视为逆历史潮流,导致其众叛亲离。1915 年 12 月 25 日,唐继尧、蔡锷、李烈钧等人向全国发出通电,宣布云南独立,反对帝制,武力讨袁,护国运动自始而起。袁世凯亦调集军队进攻四川和云南等地,到 1916 年 3 月 22 日,袁世凯三路攻滇计划失败,加上在广东、山东等地的军队也遭到打击,外交上亦不受国际承认,因而被迫宣布撤销帝制,但仍居大总统位。在全国人民的讨伐声中,1916 年 6 月 6 日,袁世凯忧愤而死,副总统黎元洪继任大总统。

图 5－1　护国军都督府门

随着国内护国运动开展,媒体也在渲染孙中山等即将回国以"恢复民国"。1915 年 12 月 23 日,《盛京时报》称:"南洋岑春煊、美国黄兴、法国汪兆铭、英国张继、日本孙逸仙等拟共同组织一中华民党联合会,协力进行。"①12 月 29 日,《申报》报道孙中山等"纠合海外各处党员,组织一大会,党名为中华民党联合会,专以恢复民国为名",并指出在该联合会的组织架构中,"理财部长冯自由,副部长谢英伯"。②

实际上,孙中山等人也确实在计划回国日程。1916 年 4 月底,旅居东京的孙中山准备启程归国,目的在于恢复约法和重开国会,他认为:"约法与国会,共和国之命脉也,命脉不存,体将安托? ……夫罪首诛则约法复,约法复则民国苏。此余所以对于始误终醒之同胞,而为中华民国抱无上之乐观者也!"③5 月 1 日,孙中山抵达上海,积极通电呼吁和催促秉权者恢复约法与重开国会。④ 6 月 9 日的《民国日报》发表了孙中山关于规复约法的宣言,在宣言中,他表示:"袁氏凡百罪孽,皆由其以天下为私之一念而来……规复约法,尊重民意机关,则惟一无二之方,无所用其踌躇者……于此时期,而犹有怙私怀伪不顾大局之流,则国人疾之,亦将如疾袁氏。"⑤并于 6 月 11 日电黎元洪,促请其迅即"规复约法,尊重国会……与国民从事建设"⑥。又于 6 月 23 日再电段祺瑞,促其恢复约法、国会,"翊赞当机,不为莠言所惑,重陷天下于纷纠"⑦。

---

① 桑兵主编:《孙中山史事编年》第二卷,第 2183 页。

② 《联合会之内容》,《申报》1915 年 12 月 29 日,第 6 版。

③ 《孙中山关于约法国会乃共和国之命脉的谈话》(1916 年 4 月),汤锐祥编:《护法运动史料(二):国会议员护法篇》,花城出版社,2003 年,第 1 页。

④ 陈锡祺主编:《孙中山年谱长编》上册,第 991 页。

⑤ 《孙文宣言》(二),上海《民国日报》1916 年 6 月 9 日,第 2 版。

⑥ 《孙中山致黎总统电》,上海《民国日报》1916 年 6 月 11 日,第 2 版。

⑦ 陈锡祺主编:《孙中山年谱长编》上册,第 999 页。

图 5-2　1916 年 4 月 9 日,孙中山、宋庆龄等在日本友人田中昂寓所举行小型的声讨袁世凯集会时合影

在孙中山的劝说与引导之下,6 月 29 日,段祺瑞决定恢复《临时约法》,召开旧国会,黎元洪亦以总统名义宣布"遵行"《临时约法》,续行召集国会。① 在《临时约法》和国会都得到"恢复"后,中华革命党本部于 7 月 25 日发出通告:"本党成立实继癸丑革命而起,其重要目的在推翻专制,重造民国……今约法规复,国会定期召集,破坏既终,建设方始,革命名义已不复存,即一切党务亦应停止。"②随后,中华革命党的诸多党务人员开始投入国会议员的竞选之中,冯自由便是其中之一,他积极响应孙中山号召,希望通过参加国会来促进国家进步。

同孙中山差不多时间回到上海的冯自由此时一直居住在此,时常出入孙中山居住地,商议时局。在此时期,冯自由常侍奉于孙中山左右,并为恢复约法和重开国会出谋划策。他主要做了两件事:一是力荐恢复稽勋局;二是竞选

①　陈锡祺主编:《孙中山年谱长编》上册,第 999—1000 页。
②　《中华革命党本部通告》,上海《民国日报》1916 年 7 月 28 日,第 10 版。

国会议员。

图 5-3　1916 年 7 月 17 日,孙中山在上海张园举办的茶话会

1916 年 6 月 23 日,冯自由在上海给黎元洪发电,希望重设稽勋局以赏恤有功之士,建议先将稽勋局的案卷予以切实清理和保管,"兹幸大总统俯从真确民意,统御法治国家,部抚四百兆创巨痛深之民族,远溯诸先烈糜躯捐顶之殊猷,应请迅令有司将自由在稽勋局所有案据卷宗,切实提出清理保管"[①],并"有请仍回复该局,以重国勋而慰前贤"[②],意在借助恢复约法和重开国会的浪潮,使稽勋局得以复设。

图 5-4　黎元洪

在他的提倡下,辛亥革命时率领江浙联军"光复"南京的徐绍桢从赏恤护国运动有功人员的角度出发,也呈请黎元洪恢复稽勋局,徐表示"此次西南事起,反对帝制,拥护民国,以万人必死之心,争五族共和之福,当然为国民之所崇拜,即应为政府之所褒嘉。是故前之辛亥一役有手创民国之功,今之滇桂义

---

① 《龙、冯两要电》,《申报》1916 年 6 月 23 日,第 6 版。
② 《约法、国会两问题之京讯》,《申报》1916 年 7 月 6 日,第 6 版。

军有再造共和之德。功有必报，德有必崇，值此刷新政治，戢干戈而敦玉帛之时，允宜恢复临时稽勋局，将前后有功民国人员，生者锡以殊荣，死者恤其遗族，不独彰政府之公道，抑亦示仁者之用心。此固当时国会之所主张，抑亦今日国民之所共认者也"①。南社成员易情愚亦有呈请，"伏希大总统统筹全事，俯念先烈之热血未寒，而遗族之苦寒已极，嗷嗷待泽"，于今三年，请求"速予恢复稽勋局"。②

冯自由等人的呼吁得到了黎元洪的响应，黎于8月发电报给冯自由，"嘱其入都"，前往北京筹商稽勋局事宜。有传言称，冯自由于收到电报后准备在一个星期内北上入京③，但实际上他并没有立即前往北京，而是一直陪伴在孙中山左右，并于8月16日至25日陪同孙中山前往浙江杭州、宁波、绍兴等处，协助参与其演讲与参观活动。④ 到9月初，北京方面又以"华侨担任善后借款"一事须磋商为由电催冯自由北上，⑤冯自由以其所创办的"环球华侨总会须与海外各埠华侨代表接洽"⑥为由延缓入京，一直到9月中旬，他才离开孙中山，由上海乘船过天津以入京。9月16日，冯自由在天津码头迎接乘坐太古洋行顺天船抵达天津的新任外交总长唐绍仪，⑦此后与唐绍仪相处一段时间。后有传闻唐绍仪建议任用胡汉民为驻日公使、任用冯自由为驻美公使、顾维钧转任驻欧洲某国公使。⑧

抵达北京后的冯自由继续呈请奖恤先烈遗属，黎元洪也将此事交由国务会议办理，⑨但恢复稽勋局的建议迟迟未得到实施。根据冯自由的回忆和分

---

① 《徐绍桢请恢复稽勋局》，《申报》1916年7月13日，第6版。
② 《易情愚亦请恢复稽勋局》，《申报》1916年7月25日，第3版。
③ 《冯自由将入都》，上海《民国日报》1916年8月17日，第10版。
④ 陈锡祺主编：《孙中山年谱长编》上册，第1005—1006页。
⑤ 《冯自由将北上》，上海《民国日报》1916年9月6日，第10版。
⑥ 《冯自由将与唐少川来京》，《顺天时报》1916年9月14日，第2版。
⑦ 《专电》，《申报》1916年9月16日，第2版。
⑧ 《译电》，《申报》1916年9月26日，第2版；《译电》，上海《民国日报》1916年9月26日，第2版。
⑨ 《冯自由请恤先烈遗属》，上海《民国日报》1916年10月6日，第2版。

析,是由于遭到梁启超等人反对,稽勋局才未能重建。梁启超在袁世凯专权的时期出力取消了国民党,虽然梁也遭到袁氏猜忌而离开袁世凯,但他依旧担心恢复稽勋局会使国民党的势力复盛,遂诬称袁世凯在位时的勋赏冒滥全由稽勋局造成,通电各省军民长官请一致反对恢复。尽管各省响应者甚少,但本就对恢复稽勋局不太具有诚意的黎元洪就借机终止了该议案。①

恢复稽勋局因多重政治力量的干涉而没有实现,这背后也反映了民国初年的政党政治斗争。冯自由为谋求恢复稽勋局而做出了自己的贡献,这一点值得记述。虽然稽勋局没有恢复,但冯自由参加重开国会后的参议院改选取得了成功,顺利当选为华侨参议员,得以进入国会,在立法机构中协助孙中山的革命事业。

华侨给予孙中山革命事业以巨大支持,孙中山将华侨视为"革命之母",非常注重保护华侨的利益,曾对人表示:"文毕生心力尽瘁国事,间关跋涉,几遍五洲,而交趾故墟,足迹栖迟,为时非暂。凡我侨胞直接间接所受政治上之痛苦,罔不洞知。每思专制推翻,民治发展之后,稍尽保护之责,藉纾痛苦之情。耿耿此心,无时或息。"②

图5-5 "华侨是革命之母"——孙中山语

① 《民元临时稽勋局小史》,冯自由:《革命逸史》(中),第627—628页。
② 《致赵桃之函》(1921年5月),《孙中山全集》第五卷,中华书局,1985年,第543页。

在辛亥革命之后,孙中山与华侨一起争取解决华侨的参政权问题。在1911 年 11 月 29 日的临时大总统正式选举会上,就有华侨代表列席了大会。1912 年 5 月 17 日,在南洋、日本和美洲各地人士组成的"华侨联合会"的积极努力之下,加之孙中山的沟通,临时参议院在第八次会议中以 58 票对 35 票表决通过了《审议华侨要求代表权案报告》,规定"查华侨既为中华民国人民,即应一律享有代议权"。① 同年 8 月 10 日议决的《中华民国国会组织法》规定,参议院由下列各议员组织而成:"由各省省议会选出者,每省十名;由蒙古选举会选出者,二十七名;由西藏选举会选出者,十名;由青海选举会选出者,三名;由中央学会选出者,八名;由华侨选举会选出者,六名。"② 在第一届国会中当选的首批华侨参议员分别是唐琼昌、吴湘、朱兆莘、蒋报和、谢良牧、卢信六人。③

图 5‑6　中华民国第一届国会合影

但由于袁世凯试图建立独裁统治,第一届国会沦为其附庸。袁世凯粗暴地践踏了共和制度,不仅下令追缴参议员们的证书和徽章,其中包括五名华侨参议员(谢良牧提前离开了北京),而且还于 1914 年 1 月 10 日下令解散了国会。

---

① 李强选编:《北洋时期国会会议记录汇编》第七册,国家图书馆出版社,2011 年,第 521 页。
② 《中华民国国会组织法》,《政府公报》1912 年第 103 号,第 5—8 页。
③ 张宪文、张玉法主编:《中华民国专题史·第十四卷:华侨与国家建设》,第 150 页。

在护国运动后，黎元洪经孙中山等人的反复劝说，同意重开国会，参议院亦面临定期改选。1916 年 12 月 1 日，冯自由致函孙中山，称黎元洪"公布选举期为一月十八日，美洲相隔太远，只用函件，必赶不及"，且冯自由处已无经费，故他请孙中山致电旧金山办事处发布公告，告知其尚在运动农商部，希望能将选举日期推延到 2 月 20 日或 25 日。孙中山批复："选期定元月十八，速照由函令各埠，用书报社名函电农商部，各举代表一人，不得同名，并电自由。"①

图 5-7 谷钟秀

不过冯自由本人此时恰好居身北京，于是投身于竞选华侨参议员活动中。1917 年 2 月 5 日，他重新组织了华侨联合会，决定以该会为基础竞选参议员。② 参议院华侨议员第一班改选定于 3 月 18 日举行，委任农商总长谷钟秀为选举会的选举监督，委派屠振鹏、关文彬、陈承修、卓宏谋、张焌、黄国恩为投票管理员，殷松年、洪昇、吴钟麟、吴瑞良、贝大钧、楼祖迪为开票管理员。③

除冯自由外，回国参加参议院选举的华侨代表有七百余人，经过审查认定资格相符者有九十四人。根据冯自由的回忆，他是受海外十三区华侨团体之委托为代表，但按规定只能代表一个区，遂以日本长崎华侨总商会代表的资格参加竞选。④ 而根据参议院议员、华侨选举会选举监督、农商总长谷钟秀在 3 月 5 日发布的通告，以冯自由为代表申报的单位和地区有：日本长崎中国总商会、菲律宾礼智崇德书报社、南榜埠书报社、大城中华书报社、巨石中华阅书报社、芹苴埠尚志华侨书报社、雪兰莪隆邦埠隆邦书报社、柯利近省钵仑埠爱群

① 《冯自由为华侨选举事请发电通告各埠致孙中山函》(1916 年 12 月 1 日)，黄季陆主编：《革命文献》第 48 辑，第 93—94 页。
② 《冯自由恢复华侨联合会》，上海《民国日报》1917 年 2 月 5 日，第 2 版。
③ 《农商部委任令第三八号》，《政府公报》1917 年第 425 号，第 9 页。
④ 简又文：《冯自由》，黄季陆主编：《革命人物志》第六集，第 178 页。

书报社、盘古中华会馆、盘古书报社、新加坡华侨总商会、西宫中华广肇会馆、
菲律宾来德埠商会、汪古鲁埠中华商会、菲律宾礼智华侨和益商会等十五个单
位和地区①,在所有候选人里面独树一帜,足可见冯自由深受华侨们信任。

　　3月18日,参议院华侨选举会在农商部的商品陈列馆正式举行华侨参议
员选举,参加投票者有332人,当天就选举出冯自由为正式参议员之一,他获
得257票,②其余不足票数者于19日再举行复选。③ 在此期间还发生了李炎
山身藏两万元存折为另一选举人进行疏通"贿买",但遭到刘芷芬告发而被巡
警当场查获的丑闻,以及被选举人和检察员冲突等事件。④ 此次选举历时二
天,最终结果是冯自由和美国旧金山国民书报社代表黄伯耀当选华侨参
议员。

　　冯自由本想通过当选参议员而进入国会,推动中华民国的法制建设,以协
助孙中山的伟大事业,但是时局的变化限制了冯自由志向的实现。在袁世凯
去世之后,虽然由黎元洪继任大总统,但是段祺瑞依靠军事实力担任国务院总
理,握有实权,黎元洪的总统府与段祺瑞的国务院构成了"府院之争"。

　　"府院之争"既有黎元洪与段祺瑞之间的个人恩怨,也有军阀派系的利益
争夺,更有美国与日本的列强争斗,充分反映了民国时局的混乱、军人秉权的
缺陷以及列强对中国的影响。从国务院秘书长人选的争执开始,到是否对德
宣战、参加第一次世界大战,双方斗争一直未停息。

　　中华革命党和南方地方军阀支持黎元洪,研究系、进步党和北洋督军们则
支持段祺瑞,国务院掌握着军政实权,对总统府构成步步紧逼态势。4月25
日,段祺瑞召开督军会议,前来参加会议的各省督军和代表一致赞成段祺瑞内
阁外交政策,并在写有"赞成总理外交政策"的纸上签了名,段祺瑞旨在通过北

---

　　①　《参议院议员华侨选举会选举监督农商总长通告》,《政府公报》1917年第414号,第
12—19页。

　　②　《冯自由当选为参议员》,《顺天时报》1917年3月19日,第2版。

　　③　《冯自由当选华侨参议员》,《益世报》1917年3月20日,第6版。

　　④　《华侨选举之贿买风潮》,《申报》1917年3月23日,第6版。

洋各省督军强迫国会通过对德宣战提案。5月10日,国会表决参战提案,段祺瑞纵容军人组织流氓和无业游民围攻国会、殴打议员,要求众议院议长汤化龙允许"自发公民"(军人)代表列席讨论。5月13日,督军团分别宴请劝说各省议员,大部分国会议员拒绝督军团的粗暴干涉。5月19日,督军团诋毁国会制定的宪法草案将导致"暴民专政",并以此为借口,要求解散国会。与此同时,段祺瑞被曝出与日本秘密签订了一亿多元的军事借款,即后来习称的"西原借款",引起民愤。处于弱势的黎元洪借着民意突然免去段祺瑞的总理职务,使得"府院之争"走向极端。

图 5-8 督军团合影

段祺瑞在被免职之后迅速采取军事应对举措,5月29日唆使皖系督军宣布独立,紧接着是奉天、山东、福建、河南、浙江、陕西、直隶七地都督都宣布独立。黎元洪被迫向盘踞在徐州的张勋求救,张勋遂上演了率领五千辫子兵入京拥立溥仪复辟帝制的十二天闹剧。溥仪复辟招致全国反对,结果不仅使得段祺瑞在马场组织"讨逆军",以"再造共和"之名重掌大权,而且导致孙中山所依托的《临时约法》及其"法统"被彻底打破,护法战争随之而起。

这样的时局背景导致冯自由——这位新当选的参议员毫无施展理想的舞台,被迫匆匆逃离北京。1917年6月初,《醒华报》称,冯自由已经抵达上海,并与孙中山、唐绍仪、温宗尧等会晤商量时局。但《顺天时报》对此信息表示怀疑，认为冯自由南行是接到居住在香港的妻子病重消息，应该是前往香港，而不是上海。①

6月11日，《顺天时报》又报道冯自由已经于5月29日抵达香港，香港商会、各书报社及诸多侨商等于31日在陶园开欢迎宴，冯自由发表演说，阐释华侨与祖国实业振兴的利益关系，并确定在数日后赴粤，与广东政界及革命党商榷时局问题。② 可以判断，冯自由在5月下旬就离开了北京，并于6月上旬返回广东。

在孙中山举起"护法"旗帜后，冯自由的国会议员身份恰恰构成了孙中山所护之"法"的一部分，历史"巧妙"地延续着二人的革命合作关系。

二　参与护法运动

在"府院之争"白热化的过程中，孙中山就曾指责段祺瑞，希望避免战事。在5月22日，孙中山联合岑春煊、唐绍仪、章太炎向段祺瑞致电："政府果能遵守大法，销[消]弭战事，国民岂与个人为难。若与政客交换条件，使少数人得被擢用，而以国家为牺牲，无论官僚、民党，悉为国人之所不容。"③段祺瑞驱逐张勋之后，借口张勋复辟导致民国"法统"中断，拒绝恢复《临时约法》和国会，孙中山不得不再次发起革命运动，史称"护法运动"。在孙中山和其他革命党人看来，"拥护民元临时约法，即所以拥护民国"④，《临时约法》是中华民国的象征，因此，反对段祺瑞，拥护临时约法，就象征着为民主共和制度而奋斗。孙中山在护法运动中所采取的策略与之前的方法非常相似，一方面寄希望于各

① 《冯自由实已去港》，《顺天时报》1917年6月5日，第2版。
② 《粤人欢迎冯自由君盛》，《顺天时报》1917年6月11日，第2版。
③ 《致段祺瑞与参众两院议员电》（1917年5月22日），《孙中山全集》第四卷，中华书局，1985年，第35页。
④ 邹鲁编著：《中国国民党史略》，上海：商务印书馆，1945年，第80—81页。

方输款以筹集军饷,另一方面联合地方反对派势力,共同讨段。

1917 年 6 月 19 日,孙中山通告中华革命党海外各支部,嘱其筹款讨逆:“近日群逆倡乱,救国须赖义师……希迅速筹备款项。”[①]7 月 4 日,又分别致电西南六省各界和参众两院议员,提议西南各界火速协商建设临时政府,建议议员们南下护法,“唯西南六省,为民国干净土,应请火速协商,建设临时政府,公推临时总统,以图恢复”[②],“此次时局陡变,暴力之下,已无国会行使职权之余地,亟应全体南下,自由集会,以存正气,以振国纪”[③]。随后,孙中山与章太炎、朱执信、陈炯明、许崇智等人由上海启程赴广州。

冯自由积极响应孙中山的筹款号召,对此次军阀倡乱义愤填膺,力主西南各省出师讨伐,乘势扫灭官僚政治,贯彻平民主义,并表示“自愿再次前往南洋、澳洲各地筹集军资,为讨贼之后援”。[④] 7 月 4 日,他电函华侨,请诸华侨筹饷以讨贼,[⑤]“逆督叛国,清帝复辟,民国沦亡,普天同愤。现各省义师叠起,讨贼救国,在兹一举。我侨胞两造共和,必不忍令前功尽弃,望即捐助饷糈,合力杀贼,以竟全功而除帝孽”[⑥]。

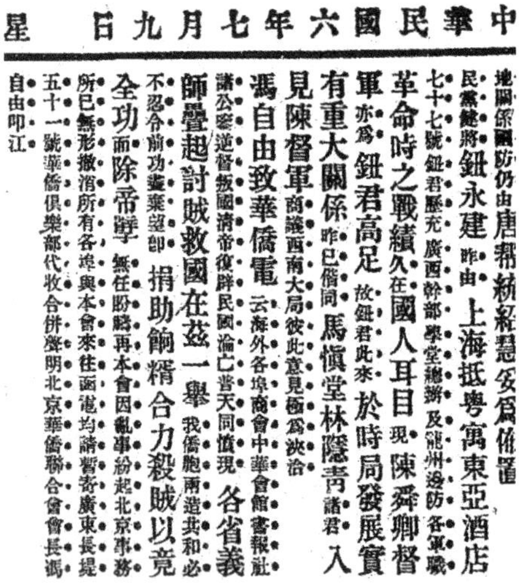
中華民國六年七月九日 星

地關係國防仍由唐帮辦紹慧妥爲佈置
民黨健將鈕永建昨由上海抵粵寓東亞酒店七十七號鈕君歷充廣西幹部學堂總辦及龍州邊防各軍職革命時之戰績久在國人耳目現陳舜卿督軍亦爲鈕君高足故鈕君此來於時局發展實有重大關係昨已偕同馬愼堂林隱青諸君入見陳督軍商議西南大局彼此意見極爲浹洽

馮自由致華僑電 云海外各埠商會中華會館書報社諸公鑒逆督叛國清帝復辟民國淪亡普天同憤現各省義師疊起討賊救國在茲一舉我僑胞兩造共和必不忍令前功盡棄望即捐助餉糈合力殺賊以竟全功而除帝孽無任盼禱再本會因亂事紛起北京事務所已無形撤消所有各埠與本會來往函電均請暫寄廣東長堤五十一號華僑俱樂部代收合併聲明北京華僑聯合會會長馮自由叩江

图 5-9 1917 年 7 月 9 日,《申报》载《冯自由致华侨电》

此外,在冯自由离开北京之际,其他诸多国会议员亦相继逃离了北京,其

① 陈锡祺主编:《孙中山年谱长编》上册,第 1031 页。

② 陈锡祺主编:《孙中山年谱长编》上册,第 1034 页。

③ 《孙中山致参众两院议员盼毅然南下护法电》(1917 年 7 月 4 日),汤锐祥编:《护法运动史料(二):国会议员护法篇》,第 35 页。

④ 《冯自由之筹饷谈》,上海《民国日报》1917 年 6 月 28 日,第 7 版。

⑤ 《冯自由电华侨筹饷讨贼》,上海《民国日报》1917 年 7 月 5 日,第 2 版。

⑥ 《冯自由致华侨电》,《申报》1917 年 7 月 9 日,第 7 版。

中大多数人停留在上海，静待时局发展。在得知孙中山和西南实力派准备组织讨逆军发起护法运动后，旅沪议员一方面谴责当局解散国会，另一方面支持孙中山的号召。6月19日，旅沪参议院、众议院两院议员通电，强烈谴责解散国会："此次谋逆之督军团既威逼总统，违背约法，解散国会，无异直向全国四万万人之挑战。"①6月28日，旅沪国会议员们发电催促广东发兵："沪粤两地，函电交推，护国讨贼，非公莫任，务望公毅然崛起，大张挞伐，肃清妖孽，回复共和，凡在国民，皆拜公赐。"②7月4日，他们通告响应孙中山的集会建议："同人为国民代表，处国家非常事变，亟应按照约法，自行集会。"③同时，部分停留在天津的国会议员在众议院议长吴景濂的带领下也同意拥护约法，赞同择地开会："国民〔会〕为民命所托，约法无解散之明文，此次违法解散当然无效，故次宜择地自行集会。"④于是，召开非常国会的条件逐渐成熟。

1917年7月17日下午，孙中山由虎门转乘江固兵舰抵达黄埔，诸多国会议员在码头迎接，其中包括邹鲁、冯自由、王乃昌等人。孙中山发表演说，表示"中国共和垂六年，国民曾未有享过些须共和幸福，非共和之罪也，执共和国政之人以假共和之面孔，行真专制之手段也。故今日变乱，非帝政与民政之争，非新旧潮流之争，非南北意见之争，实真共和与假共和之争"⑤，遂开始筹备在广东召开国会，并组织政府。7月19日，他又正式致电天津和上海地区的国会议员，提出在南方召集国会："文尝默观时势，江河流域，已为荆棘之区，唯西南诸省，拥护共和，欢迎国会。诸君宜自行集会于粤、滇、湘各省，择其适当之

---

① 《旅沪国会议员谴责解散国会的通电》(1917年6月19日)，汤锐祥编：《护法运动史料（二）：国会议员护法篇》，第27—28页。

② 《旅沪国会议员敦促两粤讨逆电》(1917年6月28日)，汤锐祥编：《护法运动史料（二）：国会议员护法篇》，第33页。

③ 《旅沪国会议员集会通告》(1917年7月4日)，汤锐祥编：《护法运动史料（二）：国会议员护法篇》，第35—36页。

④ 《旅津国会议员拥护约法赞同择地开会的通电》(1917年7月7日)，汤锐祥编：《护法运动史料（二）：国会议员护法篇》，第36—38页。

⑤ 《孙中山抵粤后之主旨，主张在粤开国会组织政府》，《申报》1917年7月25日，第6版。

地以开议会,而行民国统治之权。如人数不足,开紧急会议亦可,责任所存,万勿放弃。"①此后,停留在天津和上海等地的国会议员们纷纷南下至广州,到8月中旬,抵达广州的国会议员已经有一百三十多人,包括参议院议长林森和众议院议长吴景濂。

图 5-10　吴景濂

图 5-11　孙中山于 1917 年 7 月 17 日抵广州后留影

　　8 月 25 日,国会非常会议在广东省议会举行开幕式,冯自由作为华侨参议员列席会议。② 孙中山在开幕式上致祝词,对非常国会抱以期待:"今北部为叛党所据,遏绝民意,乃相率而会于粤东,举行非常会议,由此而扬说论、纾嘉谟,建设真正民意政府,起既绝之国运,以发扬我华夏之光荣于世界。"③随后相继议决通过了《国会非常会议组织大纲》和《军政府组织大纲》,其中《国会非常会议组织大纲》规定"国会非常会议非有十四省以上之议员列席不得开

　　① 《孙中山建议在南方召集国会致津沪国会议员电》(1917 年 7 月 19 日),汤锐祥编:《护法运动史料(二):国会议员护法篇》,第 45 页。

　　② 详见:《参加国会非常会议的参众两院议员简介》,汤锐祥编:《护法运动史料(二):国会议员护法篇》,第 702—713 页。其中关于冯自由的简介如下:"冯自由,原名懋龙,字建华。祖籍广东省南海县,生于日本横滨。就读日本早稻田大学,参加中国同盟会。参议院议员。"

　　③ 陈锡祺主编:《孙中山年谱长编》上册,第 1052 页。

议,蒙古、西藏、青海、华侨各选举区以省论"①,冯自由即代表华侨选举区列席非常国会,《军政府组织大纲》则规定设大元帅一人和元帅二人,大元帅"对外代表中华民国"②。9月1日,非常国会以84票选举孙中山为中华民国军政府大元帅,陆荣廷和唐继尧被选为元帅。③

图 5-12　国会非常会议合照

9月10日,孙中山正式就任中华民国军政府海陆军大元帅一职,组建军政府;14日,任命冯自由、郭椿森、曾彦、覃超、龚政、徐之琛、徐瑞霖、曹亚伯、许继祥、毛仲芳等人为大元帅府参议。④ 9月15日,大元帅府搬迁至广州河南岸之士敏土厂(即水泥厂)办公。冯自由在此期间不仅时常出入大元帅府参与军政大计,而且举家搬迁至广州。护法军政府的成立,标志着南北对峙局面正

① 《国会非常会议组织大纲》(1917年8月29日),汤锐祥编:《护法运动史料(二):国会议员护法篇》,第64—65页。

② 《非常国会议决宣布军政府组织大纲》(1917年8月31日),汤锐祥编:《护法运动史料(二):国会议员护法篇》,第66页。

③ 陈锡祺主编:《孙中山年谱长编》上册,第1053页。

④ 《任命冯自由职务令》等,《孙中山全集》第四卷,第165—170页。

式形成,但护法运动仍波折不断。

图 5 – 13　广州河南岸的士敏土厂

图 5 – 14　1918 年 3 月,孙中山与大元帅府职员合影。前排左起:周应时、蒋
　　　　　介石、邹鲁、冯自由、徐谦、宋庆龄、孙中山、林森、黄大伟、邵元冲、
　　　　　胡汉民、廖仲恺

　　护法运动从一开始就先天不足,在南方军政府内部,孙中山没有充足的财政来源,既不能掌握真正的军事力量,也没有得到西南军阀的鼎力支持。有传言称,缺乏经费的孙中山特派冯自由赴美洲继续筹款,1917 年 10 月 10 日,北京传媒报道军政府财政窘迫情形,略谓:"闻粤军政府自成立后,所费已达数百

万。除德华银行前曾借与百余万元外，余皆由革命党人自行分途筹集，近已陷于困境。日前特派冯自由等前往美洲各埠劝捐，一面并拟仿照南京临时政府成例，募集军用公债，以资救济。惟发行公债案提出非常国会时，又被退回，故目下甚行窘迫。"①

在军事方面，尽管孙中山制订了详细的军事计划，试图让西南诸路大军由湖南、四川出发，会师于武汉，继而合兵北上，直捣北京。但是，在非常国会选举产生大元帅和元帅后，手握重兵的陆荣廷和唐继尧百般推脱，不肯就任元帅之职，他们的实际目的是借助孙中山的名誉声望，以护法之名行保全自身之实，即"顺时势以保地盘"罢了。

10月份，段祺瑞督军南下，试图"武力统一"，但在遭到护法军的反抗与阻拦后，北洋军内部很快发生了分裂，直系冯国璋乘势而起，公开与段祺瑞决裂，提出"和平统一"，反对段祺瑞的"武力统一"，并逼迫段祺瑞辞去总理职务。冯国璋的"和平统一"得到本无心北伐的西南军阀的响应，护法运动陷于停顿挫败。尽管孙中山发出时局通电，要求坚持到恢复约法、重开国会为止，才能停止讨伐，"此次西南举义，既由于蹂躏约法，解散国会，则舍恢复约法及旧国会外，断无磋商之余地……非至约法完全恢复，国会职权完全行使时，断不废止"②，并督促各部"奋勉戎行……会猎中原，当亦不远"③，甚至请求唐继尧"总领师干，迅期出发，以慰众望，克尽全功"④，等等，但是已经无法阻止南北军阀勾结的趋势，而支持孙中山的海军总长程璧光也遭人暗杀，使孙中山进一步处于困境之中。

---

① 桑兵主编：《孙中山史事编年》第五卷，第2721页。
② 《孙中山关于时局的通电》(1917年11月18日)，汤锐祥编：《护法运动史料(二)：国会议员护法篇》，第97—98页。
③ 《复黎天才电》(1918年1月19日)，《孙中山全集》第四卷，第302页。
④ 《复唐继尧电》(1918年1月19日)，《孙中山全集》第四卷，第303页。

图 5‑15　1917 年 8 月,孙中山(后排右二)在黄埔欢迎程璧光(后排右七)等南下海军

图 5‑16　程璧光

1918 年 5 月 4 日,西南军阀联合非常国会中的政学系议员修改了《军政府组织法》,将大元帅制改为总裁合议制,孙中山变成了七总裁之一,徒有虚名。孙中山于同一天请辞大元帅职,发表通电,指责军阀是国家的大患:"顾吾国之大患,莫大于武人之争雄,南与北如一丘之貉。虽号称护法之省,亦莫肯俯首于法律及民意之下。故军政府虽成立,而被举之人多不就职,即对于非常会议犹莫肯明示其尊重之意。内既不能谋各省之统一,外何以得友邦之承认?"①他对旧式军阀的痛恨由此可见一斑。5 月 21 日,孙中山委派居正为军政府办理交代委员后,正式离粤赴沪②,冯自由则留在了广东。

留在广东的冯自由痛恨政学系联合桂系逼走了孙中山并占据粤地,于是支持其好友记者陈耿夫在《民主报》上发文力挺孙中山。陈耿夫积极联络广州报界公会拥护孙中山,提倡粤人自治,对于政学系时常"揭其罪状,会报于众,

---

① 《辞大元帅职通电》(1918 年 5 月 4 日),《孙中山全集》第四卷,第 470—472 页。
② 陈锡祺主编:《孙中山年谱长编》上册,第 1123 页。

《民主报》据以发表①,遂招致桂系军阀的憎恨。政学系杨永泰曾函聘陈耿夫担任财政厅参议,但被陈耿夫拒绝,杨永泰遂不再笼络,转向镇压迫害,以陈耿夫的言论扰乱军心为由,要求将之立即处以重刑,否则不足以示警。冯自由得知后立即向护国军旅长曾彦求助,二人又转求于海军总司令林葆怿,但政学系杀陈耿夫之意强烈,在逮捕陈耿夫的翌日清晨就将其杀害。②冯自由为此对杨永泰耿耿于怀,并伺机报复,此事下文再详述。

1918年9月,冯自由致函孙中山称粤中报界自陈耿夫被杀以后,"无不噤若寒蝉",而他自己近日则"以攻击政学会为事业",专为香港《大光报》供稿,"痛攻岑派,大快人心"。③此后不久,冯自由以香港《大光报》和《香港晨报》代表的名义参加广东报界组织的记者赴日考察活动,行至上海时见到孙中山,向他汇报了陈耿夫被害经过,孙中山为之惋惜不已。

1918年11月,第一次世界大战结束,由于中国曾宣布并参与对德作战,作为战胜国,可以派遣代表参加巴黎和会,当时有人建议孙中山担任中国代表出席欧洲和平会议,但孙中山对此拒绝。④与此同时,南北和议也在筹划过程中,孙中山密切关注着国内外时局,而冯自由则专门组织了广东中华国民策进永久和平会以促进南北和谈,于1919年1月31日致函孙中山告知该会成立。⑤2月26日,冯自由通电广州参众两院、各总裁、各省军政要员和各报馆等,告知广东中华国民策进永久和平会已正式成立,"宗旨在图谋全体同胞真正幸福,主张合法永久和平",会长冯自由,副会长谭民三、张秋白。⑥这是一个由冯自由领导一批广东籍人士以推进真正和平的团体。

1919年2月20日,南北和会在上海开幕,北方总代表为朱启钤,南方总

---

①　哲甫:《陈耿夫死事补》,香港:《大风》第52期,1939年,第1635页。

②　《粤记者陈耿夫被害始末》,冯自由:《革命逸史》(上),第383—386页。

③　桑兵主编:《孙中山史事编年》第六卷,第3712页。

④　陈锡祺主编:《孙中山年谱长编》下册,第1158页。

⑤　桑兵主编:《孙中山史事编年》第六卷,第3302页。

⑥　《广东中华国民策进永久和平会长冯自由等报告该会成立言》,《军政府公报》1919年修字第93号,第293页。

代表为唐绍仪,双方谈判进展缓慢且曲折。由于陕西战事,以及北方代表无法
收到北洋政府的指示而不能回复南方代表的质询,唐绍仪更是在3月2日通
电停止和议,认为"北代表没有代表北政府的能力"。① 和平会议的进行使冯
自由看到和平的希望,其停顿又使冯自由忧心和平难以实现。

图5-17 1919年南北议和代表合影

3月2日,冯自由搭乘美国邮船"哥伦比亚"号抵达上海,希望促进和平会
议重开,以追求永久和平之实现。② 3月5日,上海中华国民策进永久和平会、
广东中华国民策进永久和平会、中华民国世界和平共进会三家和平协会公开
召开联席会议,到会者数十人,议决宣言书通电,并推冯自由为西文译员,当
天,广东中华国民策进永久和平会就向诸要员发电,表示:"此次南北和平会
议,一切法律取法问题,均应听双方代表负有责任者依法磋商解决之,凡我国
民,只可于监督地位促其进行。无论何派,有欲希冀假冒民意、阴图破坏国家
长治久安基础者,誓与国人共弃之,以祈一致主张。"③3月6日,英、美、法、意、
日五国公使召开会议,向南北政府提出"劝告",希望南北和平会议尽快恢

---

① 李剑农:《戊戌以后三十年中国政治史》,中华书局,1965年,第296页。
② 《冯自由君由粤莅沪》,上海《民国日报》1919年3月2日,第10版。
③ 《三和平会开会纪》,《申报》1919年3月5日,第10版。

复。① 由此,冯自由等于 3 月 10 日向五国驻沪总领事馆发函,希望通过外国公使来敦促北洋政府积极推进和平会议:"贵公使既劝告于前,自不忍坐视于后,务望贵公使主持公道,促北京政府从速觉悟,诚意言和,以免破坏大局。敝国幸甚,世界幸甚。"②

在得知南北和会将于 4 月 7 日重开的情况下,冯自由进一步向各方发电:"请诸公务必坚持到底,以求真正和平之实现。"③既实现南北重开和议,冯自由遂于 4 月 5 日动身返回广州。④ 但是,重开的南北和平会议只是在表面上讨论如何恢复国会,实际上依旧为划分地盘、争夺权力而争吵。和会的进程直接受军阀混战影响,到五四运动爆发后,局势的发展已经完全不在冯自由等人的掌控之内,南北议和毫无结果而最终破裂。

图 5 - 18　五四运动之学生游行

回到广州后的冯自由,除了上文提及的曾于 8 月前往日本外,大部分时间都是在陪伴家人,后又旅居香港,一直到 1922 年,基本上都处于"息影家园,闭

---

① 陈锡祺主编:《孙中山年谱长编》下册,第 1160 页。
② 《补录三和会致外交团函》,《申报》1919 年 3 月 11 日,第 10 版。
③ 《三和平会之最近函电》,《申报》1919 年 4 月 7 日,第 10 版。
④ 《冯自由君附轮返粤》,上海《民国日报》1919 年 4 月 7 日,第 10 版。

门课子女,教以作文集词章之学"①的状态,稍享清闲安适之生活及家人团聚之幸福。其间还在广州创办了民治通讯社,使之成为西南各省宣传新文化之总枢纽。1919 年 10 月 10 日,孙中山将中华革命党正式改组为中国国民党,并公布了《中国国民党规约》,规定"从前所

图 5‑19　孙中山手绘的国民党党徽

有中华革命党总章及各支部通则,一律废止。所有印章、图记,一律照本规约所定,改用中国国民党名义,以昭统一",中国国民党"以巩固共和、实行三民主义为宗旨",②冯自由亦自然成为中国国民党党员。

三　痛斥北洋黑暗

在冯自由蛰居香港期间,一方面,国内局势因军阀混战而混乱不堪,从直皖大战到西南大混战,从直奉合作到第一次直奉战争,民众深受军阀之苦。另一方面,孙中山完成著书立说后,借着军阀混战之机,着力重整革命力量,将桂系驱逐出广东,再组中华民国军政府,但此次讨逆斗争因陈炯明叛变而再次失败,革命顿挫不已,孙中山亦因作为亲信的陈炯明叛变而深深悔过:"此次陈炯明叛变,非惟文与诸同志所不及料,亦天下之人所不及料……文率同志为民国而奋斗垂三十年,中间出死入生,失败之数不可偻指,顾失败之惨酷未有甚于此役者。"③

第一次直奉战争后,曹锟和吴佩孚以直鲁鄂豫四省正副经略使的名义掌控了北洋政府。为了构建属于直系的中央政府,吴佩孚一直有取消南北政府、组建第三政府的构思,"恢复法统"成为他实现目标的途径之一。在 1922 年的

---

① 简又文:《冯自由》,黄季陆主编:《革命人物志》第六集,第 179 页。
② 陈锡祺主编:《孙中山年谱长编》下册,第 1208 页。
③ 《致海外同志书》(1922 年 9 月 18 日),《孙中山全集》第六卷,第 549—555 页。

时局中,"恢复法统"对直系是有利的,一方面是因为当时的总统徐世昌是由皖系的安福国会选举产生,如果恢复 1917 年被解散的旧国会,迎接黎元洪复任大总统,徐世昌只有下台,不仅黎元洪和旧国会议员们都会感激直系,而且拥立黎元洪可以"挟天子以令诸侯";另一方面,南方国民党以护法为口号,若恢复了"法统",那么自然也就不存在护法的根据了,直系亦可不战而胜。因此,曹锟和吴佩孚开始着手重开旧国会,"恢复"《临时约法》,以实现建立直系掌控的北洋中央。

1922 年 5 月 23 日,属于政学系、宪法研究会、国民党益友社的两百多名旧国会议员在天津开会,筹备恢复旧国会事宜。6 月 11 日,黎元洪入京复职,再次担任大总统,并任命颜惠庆署理内阁总理,组成了第十九任北洋政府内阁,"法统"恢复。孙中山对黎元洪的复职表示强烈反对,宣布广东政府是中国事实上唯一合法的政府,并揭露了吴佩孚恢复旧国会的真实目的。6 月上旬,孙中山向日本《朝日新闻》谈了其对局势的看法,针对吴佩孚恢复旧国会事件,他表示:"旧国会恢复,当然与吾人之主张一致,问题惟在吴氏主张之动机如何。彼果诚心诚意恢复旧国会,置国家统一之根本于此,则自无反对之理由。以余所见,吴特不过窘余之一策,藉此美名而已。"[1]

图 5 - 20 颜惠庆

在此期间的冯自由非常注重国民党的"党德"问题,曾于 1922 年 8 月 26 日致函孙中山,希望他"增加港澳联络,吸收工人入党,发展势力;建议重视党务,加强党员团结,尤其是注意党德问题","吾党众人,多数于得势时代,漠视党务,扼用同志,甚至拒纳所得捐,日以排斥党员为得意。及党务偶尔失败,则

---

① 陈锡祺主编:《孙中山年谱长编》下册,第 1458 页。

又用党钱食党饭,直不知党德为何物。经此回失败,此类人尤不可胜数"。[1]
在旧国会重开后,作为旧国会中的华侨参议员,冯自由感到在法律上有责任履
行议员义务,于是应邀出山,并再次北上入京。9 月 29 日,冯自由离粤北上,
有传言其入京目的除了参加国会会议外,"拟在京中添设(民治通讯社)分社,
以为三民主义积极之鼓吹"[2],实际上是为了宣传孙中山的思想,而且冯自由
通过参加直系主导下的旧国会,进一步揭露了孙中山所言的该旧国会丑陋的
一面。由于此次旧国会重开不过是直系及其要人吴佩孚实现一己私欲的手段
罢了,所以没有产生多大效益。综合审视冯自由此次在北京履职国会议员期
间的经历,值得记述的有揭露杨永泰贿选事件、质问议员邮件被查事件和质询
政府杀伤市民学生事件。

第一,揭露杨永泰贿选事件。

在冯自由赴京之前,因桂系被驱逐出广东,曾依附西南军阀排挤孙中山且
杀害民主记者陈耿夫的投机政客、政学系代表杨永泰也来到北京,直接投靠了
直系,并试图用重金"贿选"参议院议长。冯自由终于迎来了揭露杨永泰真面
目的机会。

图 5-21　杨永泰

图 5-22　王家襄

---

① 《冯自由上总理函》,环龙路档案第 01701 号,转引自桑兵主编:《孙中山史事编年》第
八卷,第 4521 页。

② 《华侨议员冯自由赴京》,上海《民国日报》1922 年 9 月 29 日,第 10 版。

在旧国会重开后的参议院议长竞选过程中,政学系杨永泰竟然与曾担任过参议院议长的宪法研究会成员王家襄势均力敌,几轮投票几经波折都无法决出胜负。杨永泰之所以能够与王家襄一争高下,内幕之一就是杨永泰当时携带巨款以收买议员,前后共花了七万多元,其中还试图以三千元贿赂冯自由为其投票。冯自由始终没有忘记杨永泰1918年在广州制造的陈耿夫遇难事件,于是在10月26日的选举投票时,在选票上写上"三千元",并在唱票时,冲上主席台,夺取诸多选票,当场撕毁,挥散于台下,是为"天女散花"。① 有报道称冯自由"夺取秘书手中之票,且撕且走且掷,片片作蝴蝶飞,最后将手中碎纸掷之杨永泰头上"②。此次杨、王参议院议长之争的结果是杨永泰灰头土脸地落选,王家襄重新担任参议院议长。

第二,质问议员邮件被查事件。

10月18日,冯自由收到由上海寄来的普通书函,但该书函封面上粘有"直鲁豫巡阅使署委员检查讫,重封"的字样,并盖有"直鲁豫巡阅使署侦缉处检查员讫"的印章,冯自由认为此种行为侵害民众书信秘密的自由权利,故而联合二十多名议员联署质询政府。

11月1日,冯自由将议员联署的质问书提交给参议院,要求"依限答复"。在质问书中,他提出了三个"不可解"的问题来质问北洋政府的非法行为:其一,现时既非军事戒严时期,该巡阅使派员检查书信,果根据何种法律;其二,法律上检查邮件只可施之于犯罪人及嫌疑犯,该巡阅使派员检查及于国会议员之邮件,是否以国会议员为犯罪人或嫌疑犯;其三,北京为首都所在地,维持地方治安自有行政长官负责,何以劳烦及该巡阅使代设侦缉处且特设检察员,以侵害人民书信秘密之自由。最后,冯自由"为尊重约法,维护人民自由"起见,根据约法第二章第六条第五项及第三章第十九条第九项,提出质问,请政

---

① 《本社专电》,上海《民国日报》1922年10月26日,第2版;简又文:《冯自由》,黄季陆主编:《革命人物志》第六集,第179页。

② 《北京特约通信:复杂万状之参议长争,由个人问题折入政治问题之趋势》,《申报》1922年10月28日,第6版。

府于七日内答复。提出人为冯自由,联署人有王鸿龙、何畏、宋汝梅、萧辉锦、廖辅仁等二十人。①

由于档案资料所限,北洋政府是否对冯自由的质问做了回复尚不得而知,但冯自由对北洋政府肯定愈加不满。

第三,质询政府杀伤市民学生事件。

1923 年 3 月 2 日为农历元宵节,北京各团体联合会为促进一般市民对于政治之觉悟起见,特于元宵节举行市民提灯大会,但是市民、学生在提灯游行过程中与警察发生冲突,据报道,当时情况是"警察数队直冲入提灯队,于是此一场惨剧遂开幕矣。武剧既开,军警各持皮带、刺刀,向提灯队员毒打,队员见军警来势凶猛,皆弃灯奔避。市民观者亦尽力逃窜,约二十分钟之久。市民与学生皆逃避无余,提灯队员及旁视人受伤者极多"②。对于政府违法殃民,纵容军警凌虐杀伤学生数十人之事,冯自由表示非常愤怒。3 月 9 日,冯自由联合二十多位国会议员,向参议院提出质问,要求政府限期回答。

在质问书中,冯自由历数北洋政府杀伤平民的事件,指责"政府直以法律为儿戏耳",并特别举出京汉铁路罢工之风潮,铁路工人被军警蹂躏而致死伤者数百人这一例子。对于元宵节惨剧,冯自由表示"诚不解政府具何政见,而忍以惩治盗匪之手段,施诸赤手空拳之青年学子也",并痛心于法律之沦丧,"若辈学生之加入市民巡游,不外以推翻军阀促进民权为标帜,绝无类于谋叛及作战之举动,而军警遽以暴行加之,视同敌国,果何居心? 藉曰:学生巡行间有越轨行为,军警为维持治安不得已而出此。然就法律而言,警官对于群众运动认为妨害治安时,亦仅能取适当之方法制止或解散之,决不得滥用武力草菅民命,如是日军警之枪刀并举,刺杀市民如屠犬羊也。本员目睹军警之凶横,心伤法律之失效,以为自今以往,吾人民生命财产殆已完全失却约法之保障,诚有不知命在何时之感",最后要求北洋政府于三日内予以回复。提出人冯自

---

① 《咨:国务院抄送议员冯自由等直鲁豫巡阅使署检查邮件质问书文》(1923 年 11 月 2 日),《参议院公报》1922 年第 3 期第 2 册,"公文"第 1—2 页。

② 《京学界元宵提灯会之惨剧》,《申报》1923 年 3 月 5 日,第 6 版。

由,联署人为童杭时、李正阳、王鸿龙、雷殷、黄元操等二十一人。①

北洋政府并未如期答复,此后有越来越多的国会议员就此事质问当局,北洋政府被迫在 4 月 17 日装模作样做了答复,"不知何故,突然发生纷扰,继以冲突秩序,极为紊乱,当时警察惟有一面保护提灯之人,一面弹压滋事之人"②,借口因市民、学生闹事,而行"正当"守卫职责,以此敷衍国会议员。

总之,因直系北洋政府的专制与直系控制的国会无能,冯自由对北方时局感到非常沮丧。当 1923 年 6 月发生驱逐黎元洪的政变后,冯自由亦对曹锟把持的北京当局彻底失望。这场政变以曹锟系的军人和智囊团为主力,以倒张绍曾内阁为起点。6 月 6 日,张绍曾内阁被迫宣布全体辞职;8 日又有数百人纠集召开"国民大会",有一名叶姓者演说声称"黎总统复位,本无法律根据,现在还弄出政潮,破坏法纪,吾人为救国计,不得不请黎氏速行觉悟,即日退位,以让贤路"。③ 6 月 10 日,三百多名军警、官员到东厂胡同向黎元洪索饷,打着"总统即速退位"等标语。13 日,黎元洪决定离开北京,前往天津。

此次政变导致冯自由等国会议员相继离开了北京,暂居于上海。6 月 27 日,暂居上海的一批国会议员针对"六月政变"发表宣言,指责国会在北京已经失去效力,"国会在北京此时政情之下,其机关已陷于被围状况,其信用已濒于破产地位",于是"自六月十五日起,相率陆续离京,别谋建树。凡当世所以诟病国会者,有则改之,无则加勉"。④

曹锟驱逐黎元洪的真实目的是使自己当选为总统,眼见越来越多国会议员南下,他开始通过金钱稳住尚未离京的议员,同时以金钱诱惑离京议员回来。这种以金钱换取议员"支持"的行径因个别议员"奇货可居"而变本加厉。

---

① 《咨:国务院抄送议员冯自由等对于政府违法殃民纵容军警陵虐市民杀伤学生质问书文》,《参议院公报》1923 年第 3 期第 5 册,"公文"第 12—14 页。

② 《咨:国务院咨复议员雷殷章钊冯自由等关于本年旧历元宵节学生因结队提灯与军警冲突各质问案文》(1923 年 4 月 17 日),《参议院公报》1923 年第 3 期第 7 册,"公文"第 1—4 页。

③ 陶菊隐:《北洋军阀统治时期史话》(下),山西人民出版社,2013 年,第 1262 页。

④ 《离京议员之重要表示》,《申报》1923 年 6 月 27 日,第 6 版。

随着曹锟试图当选为总统,大规模贿选丑闻随之而来,价值五千元的"猪仔议员"亦成为直系北洋政府的笑话。

图 5‑23　1923 年 10 月 10 日宪法会议议长暨职员合影

图 5‑24　曹锟

虽然参加贿选的议员有很多,但诸多离北京的议员并没有参与此次丑事,在一份未参加贿选会的国会议员姓名录中,其中华侨议员有:郑宗荣、谢良牧、冯自由、黄伯耀。① 包含冯自由在内的离京国会议员实际上对曹锟贿选极为不满,并采取了具体行动:一是书面斥责,二是实际讨伐。就在北京国会贿选总统的同一天,即 1923 年 10 月 10 日,上海地区的国会议员们发表宣言痛斥贿选和澄清自身:"一般[班]无耻之徒,竟于十月五日以五千元之票价,捏报五百九十人之出席,四百八十之票数,使民国罪魁及此次毁法乱纪之祸首曹锟,伪称当选总统。窃以共和国家总统、国会,俱为全国人民所托命,今竟明目张胆,使神圣议会变为交易市场,尊严总统视若交易货品,显犯刑律……当大声疾呼,追随全国人民之后,明正贿选之罪,一致声讨。"②此外,旅沪国会议员们还决定由行政委员会推出代表数人,分赴各省,敦促地方实力派出师讨曹。其中冯自由决定 10 月 30 日搭乘澳大利亚皇后号前往广东,出发前一天有行政委员张继、董昆瀛等为之饯行。③

1923 年 11 月 7 日,冯自由回到广州,会见了由石龙督战返回广州召开政务会议的孙中山,商量组织政府问题,④汇报关于讨伐曹锟事宜及北方议员活动。冯自由首先向孙中山表示:"北京此次贿选成功,全国大不满意,或有兴师讨曹之举。奉张、浙卢[按:奉系张作霖、浙江卢永祥]方面,固早有极明了之表示,且已有所准备,当无问题;至沪上讨曹空气,如学生、市民之活动,尤足征国人对曹之不满。其次如西北部及中部省区,亦有一致参加讨曹之计议,如西南决实行讨曹,彼等则从而响应。但现在形势,未有首领人物,故未能实行发动。盖津门之段合肥[按:段祺瑞],虽为奉、浙推戴,然段一时未允出山,是以各方均冀大元帅[按:孙中山]担讨曹首领,提挈各省义师,与国贼相周旋。国会同

---

① 《未参加贿选会的国会议员姓名录》,汤锐祥编:《护法运动史料(二):国会议员护法篇》,第 629 页。

② 《移沪国会议员宣言》,《申报》1923 年 10 月 10 日,第 2 版。

③ 《议员代表行将出发,今晚行政委员设宴饯行》,《申报》1923 年 10 月 29 日,第 13 版。

④ 《本社专电》,上海《民国日报》1923 年 11 月 9 日,第 2 版。

人因此特派余来粤晋谒帅座,禀陈此意,甚盼大元帅有以慰国人之望。"孙中山的答复是:"讨曹计划,此间早已议定,现在筹备进行中,一俟就绪,便即通告全国出师,请将此意转达国会同人。"①

冯自由还报告称:"北京此次贿选告成,亦可谓民党议员拆曹台之成功。因去年北京国会,系曹、吴辈召集之,故北京国会,直曹、吴卵翼下之国会,倘无此次贿选,曹、吴将利用黎元洪任期届满、宪法造成之名目,着其卵翼之国会改选总统,则其时被选出者当为曹锟,实无疑问。此时如欲反对,实难起国会同情。今则既有贿选之臭举,而宪法草草告成,又为国人所否认,即各派亦从而一致大呼讨曹,是民党最初入京奋力谋拆曹台之计划,不啻已告成功。至国会问题,日前国会曾派议员焦易堂赴津谒见段合肥,据段之主张,以为无论如何,必须继续存立其机关,如不存立,则北京伪国会便不僭名,淆乱视听。独惜国会议员八百余人,而不参加贿选者只存二百人左右,故现在救国运动,胥赖此二百人云。国会同人因此乃分别派赴其本籍或赴未有讨曹之省区有所商接,使各省区皆知正谊之亟宜拥戴,咸起而讨曹。"②冯自由向孙中山建议在广州重新召集国会,但孙中山以军费浩繁、款难另筹为由,没有同意。③ 孙中山对旅沪国会议员们的行动"甚为嘉许",但认为"国会招牌已成废物,不足起国人之信仰,故国会之纯洁分子,如能同来革命,则无不表示欢迎"。④

实际上,此时的孙中山已经开始订立联俄联共方针,准备改组国民党,同时也邀请冯自由回广州加入改组国民党的活动之中。冯自由遂接受孙中山的意见,留在广州筹备国民党改组。

---

① 陈锡祺主编:《孙中山年谱长编》下册,第 1720—1721 页。
② 陈锡祺主编:《孙中山年谱长编》下册,第 1721 页。
③ 《国内专电》,《申报》1923 年 11 月 11 日,第 3 版。
④ 《孙中山就国会问题与冯自由的谈话》(1923 年 11 月 16 日),汤锐祥编:《护法运动史料(二):国会议员护法篇》,第 641 页。

四　反对国共合作

孙中山以广东为基地坚持革命,从中华革命党到中国国民党,从护法运动到陈炯明炮击粤秀楼,虽然几经坎坷,且屡次失败,但他并没有放弃革命目标和政治理想,依旧胸怀革命乐观精神。然而,国民党内部有些老党员发生了蜕变,甚至怀疑孙中山的三民主义能否实现,而一些新入党的党员成分复杂,把加入国民党视为"做官的终南捷径"。总之,当时的国民党党务"反不如前,几成了一盘散沙,把从前革命的精神都无形丧失了",[①]对国民党进行改组,势在必行。

另一方面,俄国十月革命送来的马克思主义正在中国生根发芽。前来上海指导成立中国共产党的共产国际执行委员马林不仅帮助中国共产党于1921年7月成立,而且还在上海会见了孙中山的代表张继,双方热情地交换了意见。12月,马林在广西首次见到了孙中山,此后经过与孙中山的几次接触,马林得出"孙中山比甘地更有战斗性"[②]的结论。年轻有活力但力量尚弱的共产党也认识到当时需要联合国民党,承认"中国唯一重大的民族革命团体是国民党"。在共产国际指导之下,中国共产党于1922年7月通过了《关于民主联合战线的决议案》,确定了国共合作、建立革命统一战线的基本思想。

1923年1月18日,苏联政府全权代表越飞在上海见到了孙中山,双方就有关问题交换了具体意见,并在26日签署了《孙文越飞联合宣言》,该宣言表明孙中山的联俄思想基本形成,随后国民党方面派遣了"孙逸仙博士代表团"访问苏联,进一步向苏联学习。10月6日,苏联代表鲍罗廷抵达广州,被孙中山委任为国民党组织教练员,开始协助孙中山正式改组国民党。

---

① 中国国民党中央委员会党史委员会编:《国父全集》第2册,台北:"中央"文物供应社,1980年,第509页。

② 中国社会科学院现代史研究室选编:《马林在中国的有关资料》(中国现代革命史资料丛刊),人民出版社,1980年,第25页。

1923年10月28日,中国
国民党临时中央执行委员会
成立,并召开第一次会议,到
会者有廖仲恺、邓泽如、孙科、
鲍罗廷等九人,推廖仲恺为主
席,议决召开全国代表会议等
事项。① 第二天,孙中山收到
来自上海护法议员的函电,已
经推选冯自由为两院临时行

图 5‑25　鲍罗廷及其委任状

政委员会联席会议议员,前往广州,商讨一切。② 如前所述,回到广州后的冯
自由在向孙中山汇报与商讨后,就被留在广州,参与国民党改组事务。

11月27日,中国国民党临时中央执行委员会举行第十一次会议,冯自由
获得参会资格,共同制定了全国代表大会日程纲要以及决定国民军军官学校
等筹备事项。③ 翌日,孙中山下达指示,派林云陔、冯自由、徐苏中、林直勉、谢
良牧为中国国民党临时中央执行委员会候补委员。④

1923年12月1日,孙中山又任命冯自由为广东宣传局局长,以代替邓慕
韩。⑤ 12月3日,冯自由以候补委员身份参加了中国国民党临时中央执行委
员会第十三次会议,讨论推选代表大会代表及统一宣传机关、党员对外发表意
见纪律等案。⑥

1924年1月12日,孙中山主持临时中央执行委员会第二十五次会议,出
席会议包括胡汉民、谢良牧、汪精卫、孙科、冯自由、许崇清、徐苏中、吴铁城、谭

---

① 桑兵主编:《孙中山史事编年》第九卷,中华书局,2017年,第4675页。

② 桑兵主编:《孙中山史事编年》第九卷,第4677页。

③ 罗家伦主编,黄季陆增订:《国父年谱(增订本)》下册,台北:近代中国出版社,1994年,第1133—1134页。

④ 桑兵主编:《孙中山史事编年》第九卷,第5016页。

⑤ 陈锡祺主编:《孙中山年谱长编》下册,第1757页。

⑥ 桑兵主编:《孙中山史事编年》第九卷,第5023页。

平山等共十五人,会上由廖仲恺汇报上海国民党的党务进行状况。① 13 日下午,孙中山来到国立广东高等师范学校大礼堂做三民主义演讲,主要讲述民族主义方面的内容,与会听讲者有党政要员林森、邹鲁、邓泽如、冯自由、谢英伯及各党员,岭南大学、国立广东高师等校学生,共三千余人。②

　　1 月 20 日,中国国民党第一次全国代表大会在广东高等师范学校正式开幕,共出席代表 165 人,包括李大钊、毛泽东在内的 24 名中国共产党党员参加了此次大会。③ 孙中山以总理身份担任大会主席,并指定胡汉民、汪精卫、林森、谢持、李大钊组成大会主席团。苏联顾问鲍罗廷也出席了大会。在国民党一大召开期间,冯自由参与会议议程,并成为宣传审查委员会的九名委员之一,另外八名是李大钊、胡汉民、戴季陶、白云梯、黄右公、叶楚伧、黄咏台、刘成禺。④ 此次大会通过了《组织国民政府之必要案》《中国国民党第一次全国代表大会宣言》《中国国民党章程草案》《出版及宣传问题案》等议案,选出了中央执行委员会和监察委员会人选。此次大会实际上确立了"联俄、联共、扶助农工"三大政策,标志着第一次国共合作正式形成。

　　国民党一大于 1 月 30 日闭幕,但很快就发生了冯自由等人因反对国共合作而致孙中山斥责的事件。根据《孙中山史事编年》记载,一大闭幕后不久,邓泽如、刘成禺、谢英伯、冯自由等数十人集合,反对共产党人加入国民党,又准备了"警告书",警告李大钊不得"攘窃国民党党统"。"警告书"尚未发出,廖仲恺、李大钊

图 5 - 26　孙中山在国民党一大上讲话

　　① 桑兵主编:《孙中山史事编年》第十卷,第 5090 页。
　　② 冯双编著:《邹鲁年谱》,中山大学出版社,2010 年,第 172 页。
　　③ 陈锡祺主编:《孙中山年谱长编》下册,第 1802 页。
　　④ 罗刚编著:《中华民国国父实录》第六册,台北:正中书局,1988 年,第 4548 页。

图 5 - 27　历史上的国民党一大会址

与鲍罗廷等已向孙中山指名控告刘成禺、谢英伯、徐清和、冯自由四人，称他们不守党员纪律及挑拨国共恶感。① 孙中山于 2 月 16 日甚至手谕下令大本营秘书处，提出下期会议拟革除党员刘、谢、徐、冯四人，"着秘书通信传来"，让他们四人"自行辩护"。② 当晚，孙中山召集并讯问四人，严厉斥责他们反对改组国民党以及联俄、联共、扶助农工的革命政策，强硬表示"反对中国共产党即是反对共产主义，反对共产主义即是反对本党之民生主义，便即是破坏纪律，照党章应革除党籍及枪毙"。③

被孙中山训斥后，冯自由等人向孙中山提交了书面检讨。孙中山在阅读后于 3 月 1 日致函国民党中央执行委员会，表示"通告各同志，刘成禺、冯自由、徐清和、谢英伯四人之解释，本总理已甚满足，此事当作了息。但望同志以后不得再起暗潮。如有怀疑，当来直问总理为是"④。

① 桑兵主编：《孙中山史事编年》第十卷，第 5166—5167 页。
② 中国国民党中央委员会党史委员会编：《国父全集补编》，台北："中央"文物供应社，1985 年，第 600 页。
③ 张爱平：《冯自由致孙中山先生函稿》，《档案与历史》1986 年第 1 期。
④ 《致国民党中央执行委员会函》(1924 年 3 月 1 日)，《孙中山全集》第九卷，中华书局，1986 年，第 538 页。

　　根据冯自由自己关于此事的回忆，1924 年 2、3 月间，邓泽如、刘成禺、谢英伯、萧佛成、徐清和、张秋白、王祺、凌毅、方瑞麟、江伟藩、谢良牧、冯自由诸人开会对李大钊等进行警告。开会地点在广州太平沙林宅，各省及华侨党员参加者五十余人，邓泽如为主席，通过警告李大钊等"不得利用跨党机会以攘窃国民党党统"的提案。"讵警告书尚未发出，而廖仲恺、李大钊及俄人鲍罗廷等已向总理指名控告刘成禺、谢英伯、徐清和、冯自由四人，谓为不守党员纪律及挑拨国共恶感。总理乃定期在士敏土厂开中央执行委员会特别会议，召刘、谢、徐、冯四人亲自讯问。鲍罗廷亦在旁观审。遂由刘等详细答辩，并提出《新青年》及《向导》所载陈独秀、李大钊等论文多件，为若辈诋毁本党历史及不守入党信约之实证。总理讯毕，即宣告无罪。"①

　　关于 2 月 16 日冯自由等人被训斥事件，鲍罗廷也有相关记载："2 月 16 日有四位老国民党员被送交中央委员会裁决，他们被指控企图在党内组织小集团同左的倾向，主要是同共产党人作斗争。作为辩解，他们需要证明自己与这事无关。他们是怎样证明自己的'无关'呢？一个说，他非常偶然地参加了小团体会议，随随便便就进去了，对那里发生的事也没有提出怀疑。另一个说，他们打算向孙报告会议的结果。一个表示不理解这种情况：共产党人甚至可以有自己的党，'而我们这些忠于孙的老国民党员，连开会都不行'，等等。另一个站在孙面前。就像一个战士站在军事法庭面前一样，张着嘴，什么也说不出来。话卡在嗓子里，脸在抽搐，脸色发青。他们都否认自己有在国民党内组织什么'破坏性'小集团的想法。"②

　　虽然写了书面检讨，但冯自由还是对国共合作心怀不满，1924 年 7 月中旬，冯自由与张继离开广东，前往上海，临行前冯自由致函孙中山，继续为自己的言行辩解，并批评孙中山，认为他偏袒共产党人，要求孙中山"毅然向党员引咎道歉，以平多数党员之公愤；二应将共产党员一律除名，并将引狼入室之汉

----

① 《同盟会四大纲领与三民主义溯源》，冯自由：《革命逸史》(中)，第 532 页。
② 《鲍罗廷的札记和通报》，中共中央党史研究室第一研究部译：《联共(布)、共产国际与中国国民革命运动(1920—1025)》，北京图书馆出版社，1997 年，第 447 页。

民、仲恺、精卫等严重惩办,以为循[徇]私害公者戒"。① 7 月 16 日,被视为"粤省反对共产党派之有力者"的冯自由抵达上海,居住在东亚旅馆。②

来到上海后,冯自由又在中国国民党上海市执委会里面鼓吹反对国共合作,并支持上海市国民党第三区党部和第四区临时区党部等召集各区党部和各区所属之各区分部委员及党员讨论所谓的"共产党在本党作党团运动"问题,更于 8 月 1 日在南方大学私自召集国民党党员会议,开会期间还殴打了邵力子,甚至试图组织国民党上海市各区代表大会,"借反共产派名义鼓动内部分裂",上海市一、二、五、九区的执委会致函孙中山,建议将冯自由开除出党。③

对于冯自由的言行,1924 年 8 月 30 日,借国民党中央全会在广州大学大礼堂召开之机,孙中山口头宣布:"我以党主席的名义宣布开除冯自由出党。"④这其实只是孙中山的提议,因为当时并未经过国民党中央执行委员会的议决,没有正式成文的文件,冯自由实际上在此时并未被开除出党。

1924 年 10 月 23 日,冯玉祥趁着第二次直奉战争之际,在北京发动政变,幽禁了总统曹锟,并解除了吴佩孚职务。但是政变后冯玉祥无法控制北方政局,遂邀请南方的孙中山北上商议,后又与奉系军阀达成协议,请蛰居天津的段祺瑞入主北京,任中华民国执政。中国共产党在该过程中号召在全国范围内发起召集"国民会议"运动,支持孙中山北上。为谋民国统一与和平,孙中山应邀北上,并于 11 月 10 日发表《北上宣言》,主张召开国民会议预备会和正式的国民会议,以谋中国的和平统一和富强建设。13 日,孙中山一行离粤北上,沿途宣传召集国民会议以定国是的必要性与重要性。⑤

在孙中山此次北上过程中,他的身体已经不堪重负,据传孙中山绕道日本

① 桑兵主编:《孙中山史事编年》第十卷,第 5537 页。

② 《张继、冯自由昨日到沪》,《申报》1924 年 7 月 17 日,第 14 版。

③ 桑兵主编:《孙中山史事编年》第十卷,第 5607 页。

④ 《孙逸仙在国民党中央全会最后一次会议上的讲话》,中共中央党史研究室第一研究部译:《联共(布)、共产国际与中国国民革命运动(1920—1925)》,第 524—527 页。

⑤ 陈海懿:《他者眼中的"中山"——外报媒体舆论与孙中山逝世研究》,《新闻界》2017 年第 3 期,第 8—14 页。

检查病情,并会晤诸多友人。12月月初,他不得不因病而卧床养病于天津张
园。孙中山尽管坚持拖着病躯于12月31日得以抵达北京,但很快就进入北
京协和医院治疗,并接受了手术治疗,术后被确诊为癌症。时局因孙中山的病
情变得更加复杂。

图5-28　1924年11月25日,孙中山在日本神户出席东
京、神户、大阪各埠国民党支部联合举行的欢迎
会时,同与会者合影

这一时期国民党能够取得如此巨大成就,实赖于孙中山的精心经营。随
着孙中山病情的恶化,国民党内部的派系斗争和未来状况再次引起世人和媒
体的关注,其中围绕是否赞成国共合作而产生的内讧情形成为被关注的焦点。
而冯自由继续走在反对国共合作的前列,这亦引起孙中山的强烈不满。

1925年1月15日,国民党内部左右派系之争已经非常激烈,以冯自由、
张继为代表的右派对汪精卫等人甚为不满,在北京成立"拥护国民党同盟会",
请求孙中山"驱共",[①]并准备宣布汪精卫"罪状",而汪精卫因事情紧急,未体
恤孙中山之病情,竟然哭诉于孙中山床前。孙中山于是召冯自由来见,并"盛

---

① 罗刚编:《中华民国国父实录》第六册,第5016页。

气责斥","汝等是何如人,安得窃用民党名义,以宣布同党罪状",冯自由本想反驳,但宋庆龄示意"勿使中山动气以加亟其疾",冯自由"转念即掉头而出"。①

到2月16日,国民党内讧愈加严重,《京报》记者曾问汪精卫:"闻足下曾反对冯自由、马君武为顾问,并提议将冯自由、马君武除名,惹起会众之纷扰,确否?"汪精卫对此予以否认,表示自己并未出席这样的会议:"余何从有此反对及有此提议,且余何故专以纪律绳此二人而不及其他乎?"②

1925年3月8日,中华民国国民党同志俱乐部成立,参加者千余人,彭养光担任成立会主席,冯自由报告筹备经过,刘瑛反对会章,"众以刘为共产党,起而殴之,遂逐出会场",当天大会通过简章七章二十九条,选唐绍仪、徐谦、唐继尧、卢师谛等六十人为理事,费公侠、袁正道、张德惠等四十人为候补理事。③ 参加成立会的国民党党员有冯自由、张继、乔义生、于右任、张知竞、卢师谛、邓家彦、徐谦、褚辅成、刘成禺、梅光培、黄大伟、朱卓文、彭养光、于洪起、李书城、吕复、贺之才、郭泰祺等,"中华民国国民党同志俱乐部"遂成为"右派民党之总机关",而国民党中央执行委员会的左派成员,如汪精卫、邵元冲、李石曾等则"用中央执行委员会名义,登报否认国民党同志俱乐部"。④ 此外,在中华民国国民党同志俱乐部召开第一次理事会议时,张继等人就曾公开表示反对:"北京各报鉴:顷阅报载,中国国民党俱乐部理事会成立,继等姓名亦在其列,不胜骇异,该俱乐部继等向未与闻。特此声明。"⑤且不论张继等人发表此电文时的背景,我们已可知国民党同志俱乐部并不是一个稳定的团体。

3月12日,一代伟人孙中山病逝于北京铁狮子胡同行辕。《盛京时报》明确指出"党魁去世,该党必起内讧……分裂之兆,已伏于萧墙之内",并列举了

---

① 桑兵主编:《孙中山史事编年》第十二卷,第6189页。
② 《关于国民党内部真相,与汪精卫之问答》,《京报》1925年2月16日,第2版。
③ 《国内专电》,《申报》1925年3月9日,第4版。
④ 《孙中山之身后问题》,《申报》1925年3月16日,第6版。
⑤ 茅家琦等著:《百年沧桑:中国国民党史》上册,鹭江出版社,2009年,第343页。

国民党党内分裂出的派别:一是元老派;二是公子派;三是阿谀派,包括冯自由、彭养光、马君武、田桐等;四是祸种派。① 3 月 19 日,孙中山的灵柩移至中央公园,在《申报》所示的引导护枢人名单中仍然有冯自由。②

图 5－29　奉安大典

　　3 月下旬,鉴于冯自由等组织中华民国国民党同志俱乐部,公开从组织上分裂国民党,广州的国民党中央委员会在廖仲恺的主持下对冯自由的所作所为采取了具体行动。据《民国日报》报道,国民党中央监察委员会向中央执行委员会表示:"查去年故总理曾于中央会议宣布除冯自由名一事,嗣经有人辩护,由本人悔过,将案打销[消]。惟冯自由既自承为本党党员,自应懔遵本党纪律,乃藉党名义,别立党部,姑无论其是否有意破坏,亦不能见于本党。……总核冯自由近来之所为,实有破坏本党之嫌,自应予以相当警戒,究应如何议处,请由贵会提付公决。"3 月 27 日,中央执行委员会决议:"中央监察委员会函覆冯自由确有意破坏本党,应如何议处,请付公决。决议除名。"③此为冯自由被开除国民党党籍的经过。

　　在被国民党中央执行委员会开除出党的同一天,谢持、杨庶戡、冯自由等

----

① 《今后民党将如何》,《盛京时报》1925 年 3 月 15 日,第 2 版。
② 《中山灵枢移往中央公园》,《申报》1925 年 3 月 22 日,第 5 版。
③ 《国民党开除冯自由等党籍经过》,上海《民国日报》1925 年 4 月 15 日,第 3 版。

在陈列所开会,"多次决要求执行委员会开除某派分子党籍"。① 冯自由还于5月22日发表中华民国国民党同志俱乐部宣言,仍固执地反对国共合作,坚称:"非适合国情之三民主义不足以建国。惟泾渭异流,清浊攸分,吾党三民主义之与共产主义绝不相侔,不可以不辩[辨];群策群力,众志成城,同志之分道扬镳,因故相离者,不可以不合。欲救国必自国民革命始,国民革命必自拥护三民主义始,拥护三民主义又必自联络同志感情始。爰本此旨而有本俱乐部之组织。"②

冯自由坚持反对国共合作的根本原因被认为是国共两党的阶级立场不同,蔡和森对此曾有明确的分析,他认为冯自由派反革命运动现象的出现"决[绝]不是一件偶然的事情,也决[绝]不是一部份[分]'老党员'知识落伍的问题,乃是民族运动中阶级斗争的问题","这个问题关系民族运动的生死"。蔡和森将冯自由归入买办阶级,认为他属于为帝国主义服务的群体,"始终是要求投合于资本帝国主义……扩大自己阶级的特权",随着革命潮流促进阶级分化,阶级斗争("阶级争斗")亦更加激烈,"民族运动中阶级争斗是必不可免的,所以党内革命与反革命之争亦必不可免",因此必须肃清一切反革命分子,开除冯自由派出党,"凡效忠于帝国主义及军阀的买办阶级封建阶级的分子没有留在国民党的权利"。③

除了阶级立场、政治理念、利益诉求的不同外,孙中山和汪精卫都曾表示,冯自由没有在国民党一大被选为中央执行委员会成员,也是其反对国共合作的原因之一。孙中山在宣布开除冯自由出党的1924年8月30日的演讲中表示:"党要进行改组时,冯自由同志并不反对,两个月内他从未讲过任何反对改组的话,当时他是临时中央委员会委员。但是,当中央委员会刚选出,他因未能入选,就向我们的敌人供出了他所知道的关于改组和党的全部情况。冯自

---

① 《国内专电》,《申报》1925年3月28日,第4版。

② 《民党同志俱乐部之宣言》,《申报》1925年5月22日,第14版。

③ "和森"(蔡和森):《冯自由派反革命运动的解剖——国民党淘汰反革命分子之必要》,《向导》1925年第111期,第1016—1018页。

由因为未被选为中央委员会而煽动一伙人反对共产党。"①

汪精卫在1925年1月下旬接受《顺天时报》采访时,针对记者的提问(为什么孙中山允许共产党人加入国民党? 为什么虽有刘成禺、谢持、冯自由和谢英伯等的强烈反对,但孙不仅拒绝批判共产党人,而且还威胁要把他们四人开除出党?),汪精卫的回答是:"在去年春天国民党改组期间,冯自由、谢英伯和刘成禺等三位先生被选为临时中央委员会委员。当讨论接纳共产党人的问题时,他们没有表示异议。但是后来,当他们没有进入在党的全国代表大会上选出的中央委员会时,他们才就共产党人加入国民党一事发难。"②

而在1982年台湾地区举行的冯自由百年诞辰口述历史座谈会中,曾经担任过加拿大《醒华日报》总编辑、时任台湾"国史馆"馆长的黄季陆对国民党一大期间冯自由的经历做了回忆。他表示"第一次全国代表大会在广州召开时,我代表加拿大地区参加会议,因此在会中和我最有关系的人,就是冯先生。他是加拿大地区的一个老资格的工作同志,因而连带到会中酝酿的一个政治问题,那就是对共产党的排除、反对共产党跨党。在大会开会后的第八天,也就是1924年1月28日,那天海外代表提出了限制跨党的提案,全体与会代表一百六十多人中,海外代表占半数以上,共有八九十人,声势很大……冯先生在海外的关系深厚,成为最被瞩目的对象。一般人的印象中皆误会冯先生是这项海外代表提案的指导人,使此事闹的〔得〕风潮很大。大会闭幕后,总理把他们几位老同志召去大大地训了一番。"③黄季陆在数十年之后的口述回忆或多或少会存在记忆偏差与美化冯自由的成分,但从中可以知道冯自由在国民党一大会议期间就参与了提出限制跨党的提案,反对国共合作。

---

① 《孙逸仙在国民党中央全会最后一次会议上的讲话》,中共中央党史研究室第一研究部译:《联共(布)、共产国际与中国国民革命运动(1920—1925)》,第524—527页。

② 俞漪雯、张志诚、傅也俗:《孙中山、汪精卫答〈顺天时报〉记者问》,《党的文献》1992年第2期,第73—74页。

③ 黄肇珩、徐圆圆:《冯自由先生百年诞辰口述历史座谈会纪实》,《近代中国》1982年第27期,第57—73页。

总之，支持孙中山革命事业三十余年的冯自由最终因自身的局限性，不能理解与支持孙中山的联俄、联共政策，以致最终被开除出党。这不仅构成了冯自由革命人生中的一大污点，而且使其基本上离开了民国政治舞台。尽管在政坛上被边缘化，但冯自由依靠长期的亲身革命经历，以及担任临时稽勋局局长时期所搜集的关于革命事迹的资料，潜心于著书立说，终成一代"革命史家"，其意义不仅是使冯自由与孙中山的情谊得以体现在革命史书之中，而且为世人提供了丰富的研究孙中山的史料。

第六章

经纶失意提朱笔　忆昔峥嵘著逸史

一　政坛蹉跎

被开除党籍时，冯自由四十四岁，此后二十余年间，他基本上都游离于政坛之外，即使在党籍被恢复后，也没有机会于仕途中再创辉煌。然而，凭借丰富的革命经历、多年的资料积累，特别是遍访当事人而留下的记述，冯自由重操笔墨，在史学著述上取得非凡成就，被时人誉为堪比司马迁、班固、司马光等史家："昔司马迁、班固、司马光古代名史家，均于其实际活动、政府生涯失意后，时穷计变，由动而静，收拾放心，集中精神，荟萃才力，舒发情感，而撰永垂不朽之名著。今自由之经验及成就又何以异此？"①

在叙述作为"革命史家"的冯自由之前，有必要先对开除党籍后冯自由的人生概况进行介绍，以达成对冯自由一生的概览。

从 1925 年 3 月底被开除党籍到 1927 年，冯自由的主要活动还是集中于在上海等地参加各种反对国共合作的活动，特别是加入章太炎等组建的"反赤救国大联合"，多次参与反对革命的活动，比如该组织于 1926 年 4 月 28 日召开"干事会"，该会由章太炎主持，参加者还有冯自由、邓孟硕、严伯威、卢青海、王开疆、薛钰杰等二十余人，会议表决通过电请加拉罕自动回俄案，"应请贵使电请贵国政府，即日辞职回国，以全邦交"。②

---

① 简又文：《冯自由》，黄季陆主编：《革命人物志》第六集，第 180—181 页。
② 《反赤大联合干事会纪》，《申报》1926 年 4 月 29 日，第 15 版。

1927 年,国共合作遭受重大挫折,国民大革命因蒋介石和汪精卫相继发动反革命政变而失败,中国共产党发动南昌起义,组建自己的军队,国共十年内战由此开始。而一直反对国共合作的冯自由亦因局势转变,受到有关方面的欢迎。

图 6-1　北伐战争

1928 年 1 月 14 日,受广东方面的邀请,冯自由时隔四年后再回广州。① 1月 18 日,冯自由在美洲同盟会驻广州办事处发表演讲,号召始终拥护三民主义,奋斗不懈。② 此时的冯自由并无公职,朱本夫等人以美洲同盟会执行委员会的名义致电李济深等人,希望广东省政府能够录用冯自由:"老同志冯君自由追随先总理垂三十年,颠沛流离,未尝易志……现在党国需才,似应登诸廊庙,同襄政务,庶野无遗贤党有矜。"③但鉴于冯自由已经被开除党籍,而且孙中山此前也有类似的开除其党籍的提议,李济深等人最终没有起用冯自由。

再次返回上海的冯自由在贤惠的夫人李自平慰藉劝勉之下,悠然居家。

---

① 《粤省政闻》,《申报》1928 年 1 月 18 日,第 8 版。

② 详文参见《冯自由君演说词》,《美洲同盟会月刊》1928 年第 1—2 期,第 15—19 页。

③ 《致李主席、陈军长请录用冯自由同志函》,《美洲同盟会月刊》1928 年第 2 卷第 2—6期,第 70 页。

随后他在岳父李煜堂等投资经营的新新公司（新新百货）担任总经理一职，同时利用闲暇时间，开始编著《中华民国开国前革命史》。据冯自由本人的叙述，1929年，因新新公司员工反抗他的劳工政策，他接受新新公司委派，转往东北开垦，直到1931年九一八事变发生后，才返回上海。

图6-2　二十世纪三十年代的上海新新百货

图6-3　孙科

　　1933年，孙中山的独子孙科担任立法院院长，冯自由才得以恢复公职。根据《广东党务月刊》的记载，国民党中央监察委员会向国民党中央执行委员会函送孙科关于冯自由的函件，即"孙委员科函为冯自由前因反共受开除党籍，迄未正式恢复，而冯为同盟会老同志，致力革命有年，应否准予恢复党籍以昭公允之处，希查照办理"，1933年11月22日，经过中央执行委员会第三十二次临时常务会议决议，"依照中央执行委员会第二届第九十七次常务会议决案冯自由应准予恢复党籍，留候全国代表大会追认，请查照公决执行"。①

　　当前一些著作多称冯自由是1933年担任立法委员，1935年恢复国民党

　　①　《令三十四：令各县市执行委员会，组字第二一七号（中华民国廿二年十一月廿二日）：奉中央通告为冯自由恢复党籍留候全国代表大会追认等因仰知照》，《广东党务月刊》1933年第19—20期，第50页。

党籍,此说可能是受上文中"留候全国代表大会追认"而造成,但开除冯自由党籍是由中央执行委员会决定,故中央执行委员会决议恢复冯自由党籍,其党籍自然已获恢复。至于冯自由担任立法委员会的日期,并没有关于任命冯自由为立法委员的文件可资参考确认,但根据《国民政府公报》的记载,1936 年 10 月 14 日立法院向国民政府呈第四四九号令,"为新任立法委员会叶夏声、冯自由、林庚白、艾沙,经已补行宣誓,检同誓制,仰祈鉴核备案",对此,国民政府发布指令,表示"呈悉,准予备案",①可见,冯自由至少要到 1936 年 10 月才完成就任立法委员的宣誓仪式。在担任立法委员的同时,他还是中央党史编纂委员会的委员。

九一八事变后,民族危机日益加深,建立抗日民族统一战线成为社会共识。1936 年 9 月 22 日,毛泽东致信蔡元培,提议"发动全国海陆空军,实行真正之抗日作战,恢复孙中山先生革命的三民主义与三大政策精神,拯救四万万五千万同胞于水深火热之境,召集各党各派各界各军之抗日救国代表大会,召集人民选举之全国国会,建立统一对外之国防政府,建立真正之民主共和国,致国家于富强隆盛之域,置民族于自由解放之林",并将此提议转致包括冯自由在内的数十位"党国故人,学术师友,社会朋旧"。②

全面抗日战争爆发后,冯自由跟随国民政府迁居至重庆,并与蒋介石产生交集。1943 年 2 月 19 日,蒋介石致电国民政府文官长魏怀为,表示,"中央党史编纂委员会委员冯自由同志函称:仆向于党史国史同感兴趣,对于开扬先烈及尊重党之一贯系统,尤属责无旁贷,甚欲参加国史馆工作,以期多所贡献。惟国史馆委员均由国府委员兼任,敢乞荐充国府委员一席"③。3 月 24 日,国

①　《国民政府指令第二二二六号》,《国民政府公报》1936 年第 2183 期,第 15 页。

②　《致蔡元培》(1936 年 9 月 22 日),中共中央文献研究室编:《毛泽东书信选集》,中央文献出版社,2003 年,第 57—59 页。

③　《国民政府军事委员会代电》(1943 年 2 月 19 日),台湾"国史馆"藏《国民政府》档案,《国民政府官员任免(四)》,入藏登录号:001000002721A,数位典藏号:001 - 032102 - 00033 - 076,第 144—148 页。

民党中央执行委员会决议选任冯自由为国民政府委员①,此为冯自由在中华民国国民政府中担任过的最高级别职位。1943 年 10 月 4 日,蒋介石聘邓家彦、黄复生、许崇灏、乐景涛、焦易堂、冯自由、乔义生为国民政府顾问②,冯自由又担任了国民政府顾问。

1945 年抗日战争胜利之后,冯自由举家迁回上海,充分发挥空闲时间之便,致力于史书撰写。1946 年 3 月,蒋介石再命令秘书长吴铁城将冯自由圈定为"国民大会"代表。③ 1948 年,冯自由电蒋介石,祝贺其当选首任"总统"。④

图 6-4 蒋介石任命冯自由为国民政府顾问的手令剪影

1949 年,中国人民解放军相继解放南京、上海,冯自由迁居香港,此后经常撰写民主革命史事文章。

---

① 《人事:(一)选任冯自由同志为国民政府委员》,《中央党务公报》,1943 年第 5 卷第 8 期,第 51 页。

② 《蒋中正手令》(1943 年 10 月 4 日),台湾"国史馆"藏《国民政府》档案,《国民政府官员任免(七)》,入藏登录号:001000002733A,数位典藏号:001-032102-00045-001,第 3 页。

③ 《蒋中正电吴铁城》(1946 年 3 月 27 日),台湾"国史馆"藏《国民政府》档案,《国民大会代表名额分配》,入藏登录号:001000000282A,数位典藏号:001-011142-00066-012,第 61—62 页。

④ 《郑照冯自由电蒋中正》(1948 年 5 月 3 日),台湾"国史馆"藏《国民政府》档案,《蒋中正当选首任"总统"庆贺电文(六)》,入藏登录号:001000000358A,数位典藏号:001-011410-00007-029,第 48—49 页。

图 6‐5 1948 年"国民大会"

1951 年 8 月,冯自由应蒋介石的邀请,前往台湾定居,被委任为"总统府国策顾问",但其生活主要是继续写文章、作诗,经常和老友吴敬恒、于右任、李煜瀛、张知本、马超俊、杨家骆等聚会话旧。1954 年,冯自由轻度中风,行动不便,说话也不太清楚,和朋友联络以及写文章,都由夫人李自平转达或代为执笔。[①] 1958 年 4 月 6 日,冯自由在台逝世,享年七十七岁,时任"副总统"的陈诚致送挽额"懋绩长昭,建华先生千古"[②],以示哀悼。

图 6‐6 陈诚挽冯自由剪影

① 黄肇珩、徐圆圆:《冯自由先生百年诞辰——口述历史座谈会纪实》,《近代中国》1982 年第 27 期,第 57—73 页。

② 《"总统府国策顾问"冯自由病逝,致送挽额"懋绩长昭"》(1958 年 4 月 7 日),台湾"国史馆"藏《陈诚"副总统"文物》档案,《陈诚致送各方挽额汇存(一)》,入藏登录号:008000000523A,数位典藏号:008‐010406‐00005‐046,第 139 页。

二　《中华民国开国前革命史》略述

冯自由一生著述颇丰，累计文字达数百万字，自称"写将逸史寄平生"。除早年以记者身份撰写和翻译的内容外，冯自由著述的主体是在其被开除党籍后完成的，包括《中华民国开国前革命史》(1928—1946 年初版)、《华侨革命史话》(1945 年初版)、《革命逸史(1—6 集)》(1945—1981 年初版)、《华侨革命开国史》(1947 年初版)、《中国革命运动二十六年组织史》(1948 年初版)、《华侨革命组织史话》(1954 年初版)，其中《中华民国开国前革命史》和《革命逸史》价值最高，最为人所熟知，多次再版。

图 6-7　《中华民国开国前革命史》

《中华民国开国前革命史》(上编)于 1928 年出版，共 24 章，开冯自由著革命史之始。1929 年，冯自由的《中华民国开国前革命史》(中编)出版，共 13 章，出版机构均为冯自由自己在上海创办的"革命史编辑社"。《中华民国开国前革命史》(下编)一直到 1946 年才出版，共 14 章。当前市面上所看到的《中华民国开国前革命史》基本上是以 1946 年上海文化服务社版本为底本的，取消了上中下编的区分，共有 51 章。

辛亥革命后，国民党党内就有修史的呼声，胡汉民、黄兴等人早在 1912 年 3 月就呈请设立国史馆，孙中山批示"深表赞同"，但责任如此重大的历史撰写并不是常人所能承担。章太炎在为《中华民国开国前革命史》所作的序言中，就表示"不敢下笔"，尽管"自亡清义和团之变，而革命党始兴，至武昌倡义，凡十一年；自武昌倡义至于今，又十七年。事状纷挐，未尝有信史"，但由于"盖身不与其事者，非审问则不敢言；身与其事者，所见干没忮戾之事亦多矣"，没有参与其中的事件，不经过省察则不敢写，而参与其中的事件，所见投机侵吞、嫉妒、乖张等不好的事迹甚多,所以著史甚难。对于冯自由作《中华民国开国前革命史》,章太炎认可其创作的资格:"南海冯自由,与同盟会最久,又尝为稽勋局长,以其所见,又遍访故旧……虽未周悉,然阿私之见少矣。"①

萱野长知也表示冯自由"确为唯一之编辑适任者也",因为冯自由"夙与孙公中山同志首唱革命,南船北马,三十余年,民国前后革命之役,靡不参与其间",并建议他在著述时注意以下三点:"(甲)毋偏于广州及广东人;(乙)毋误第一次革命之真相;(丙)毋忘同盟会前后各省同志之苦心运动,如克强、教仁、人凤诸兄之历史,及诸老同志之事实。"②

冯自由则在《自序》中感慨民国历史叙述的缺失,并将其重要性提升至事关民国存亡的高度:"中华民国成于革命党之手,此世人所公认也。今距民国建元十有七年矣,为问四万万人中能言民国创作之历史者几何人乎? 环顾海内外,能答此问者,盖寥落若晨星之可数焉。呜呼! 此真民国存亡之一大关键也。夫水有源、木有本,身为民国国民,而于国家缔造之艰难,乃茫然无所知,则欲其克尽国民之天职,相与爱护而光大之也,不亦难哉。"鉴于此,冯自由的历史责任感油然而生,"余维民国历年肇乱之原因,由于国人爱国心之缺乏,而爱国心之缺乏,则由于革命开国史之未备,斯固革命党后死者未了之责也",于是他认为自己凭借较早"订交"孙中山、参与同盟会大小数十役、主持香港《中国日报》、职掌民国临时稽勋局以调查各省革命事迹等人生经历,"宜乎可以从事于革命史之编辑矣"。③

《中华民国开国前革命史》总计逾 30 万字④,被称为"最先问世之革命建国史",是冯自由"发愤搜集三十年来所宝藏之各种书札、笔记、表册(尤以稽勋局所保存之表册)、报章、杂志等,并广征旧同志所经过之事迹,据实直录,而成

---

① 《章序》,冯自由:《中华民国开国前革命史》,广西师范大学出版社,2011 年。

② 《萱野长知致著者书》,冯自由:《中华民国开国前革命史》。

③ 《自序》,冯自由:《中华民国开国前革命史》。

④ 冯自由自称《中华民国开国前革命史》"凡一百万言",根据广西师范大学出版社于 2011 年出版的《中华民国开国前革命史》,总字数约为 34.6 万字(版面字数)。

巨构,实为研究中国现代史者所必读之参考书"。①

纵观冯自由创作该书所利用的资料,基本上是以香港《中国日报》、冯自由个人历年笔记、职掌稽勋局期间所积累的革命事迹册籍为基础,还包括已成稿资料与当事人的回忆。在已成稿资料方面,曾长期担任《中国日报》主笔的陈春生(陈沂)给予冯自由帮助颇多,其不仅珍藏了诸多旧书报,而且著有《满清二百年来失地记》《汉满民族战史》《客民原出汉族论》。当陈春生得知冯自由在搜罗革命史料后,立即将保存的《中国日报》及各种书报馈赠给冯自由,助其完成"正史"编纂。在当事人的回忆方面,冯自由询问了很多的革命事迹参与者,得到了不少珍贵的回忆叙述,比如孙中山、陈少白、谢赞泰叙述兴中会有关情况,刘揆一叙述华兴会和同仇会事实,贺之才、史青、朱和中等叙述欧洲同盟会事实,黄兴、王和顺、黄明堂等叙述防城、镇南关、钦廉、河口诸战役事实,宋教仁、谭人凤、孙武、邓玉麟、吴醒汉、潘公复等叙述武昌起义事实;其他各处战役或根据旧报笔记,或探询相关人员。

《中华民国开国前革命史》的价值在于,不仅修订了同时期其他著作中的史实错误,而且挖掘出更多革命事迹。同时期的邹鲁曾撰《中国国民党史稿》,是研究早期国民党历史的重要参考资料,但在一些史实记载中存在纰漏,冯自由对其进行了修订。比如 1907 年汕头尾运械事件,《中国国民党史稿》称"萱野运械失败,遂运往台湾寄存,后由二辰丸运往香山,是为二辰丸之交涉案",但冯自由是该事件的实际参与人之一,他表示"当日运载革命党军械失败之日轮辛运丸归抵长崎,即受日政府严重监视,所载军械亦被扣押。二辰丸军械查系澳门奸商柯某私运营利之物,与革命党实风马牛不相及"。再如《孙中山自传》中表示 1908 年河口之役之际,黄兴"至半途即被法官扣留遣送",但实际上河口之役是由黄兴亲自主持的。又比如 1895 年广州起义时,香港富商余育之捐助万元之多,但后人以当时由杨衢云而非孙中山经手财政,将余育之的贡献

---

① 罗有桂:《革命史家冯自由》,台湾《中国历史学会史学集刊》1978 年第十期,第251—262 页。

抹杀而未予以表彰,冯自由纠正了诸多此类"数典忘祖"之举,让更多有功于革命而未被表彰之人得到历史的伸张。

由于冯自由与孙中山长达数十年的革命友谊,冯自由所创作的《中华民国开国前革命史》为进一步了解孙中山提供了更丰富的史料,也使读者能够更加深入理解冯自由与孙中山的关系。在《中华民国开国前革命史》上、中、下三编共51章的体例编排中,章节标题中直接与孙中山相关的有16章,具体罗列如下:

第一章"中国革命之动机"中有"孙总理略历"一节,专门介绍了孙中山赴檀香山之前的人生经历。

第二章"兴中会"中设"孙杨之联合"一节,介绍了孙中山与杨衢云联合的过程。

第四章"横滨兴中会及中和堂"中有"总理到日情形",详述了孙中山在横滨的经历,以及冯氏诸人与孙中山的初识过程。

第五章"丙申孙总理欧美之游"叙述了孙中山从檀香山到美国再到英国的经历,以及"伦敦蒙难"的始末。

第六章"革命保皇两党之冲突"中有"孙梁携手之经过",介绍了孙中山与梁启超之间的交往。

第十二章"庚子惠州三洲田之役"中记载了孙中山进入惠州被阻的经过。

第十八章"癸卯东京革命军事学校"介绍了孙中山与中国留日学界之间的交流。

第十九章"甲辰孙总理欧美之游"叙述了孙中山1904年在美国的经历。

第二十章"革命党与洪门会堂之关系"有"致公堂与孙总理"一节,专门介绍孙中山与致公堂之间发生的事情。

第二十四章"欧洲同盟会"介绍了孙中山与留学欧洲学生们的交流。

第二十五章"中国同盟会及《民报》"介绍了同盟会成立之际的孙中山事迹,以及孙中山南游的旅费筹集经过和孙中山离开日本时发生的党潮。

第二十七章"革命方略"专门介绍了孙中山的革命设想。

第三十二章"革命党与日本志士之关系"叙述了日本志士对孙中山的敬佩

与支持。

第三十三章"革命党与菲律宾志士之关系"则叙述了孙中山与菲律宾独立运动的联系。

第三十九章"南洋华侨与革命运动"中有记载孙中山的一些通信。

第四十六章"丁未镇南关之役"则叙述了孙中山、黄兴一起前往起义地的经过。

其他很多章节中也有关于孙中山的记载,具体可以阅读《中华民国开国前革命史》各章节内容。

尽管《中华民国开国前革命史》中关于孙中山的记述很多,但此书并不是专属于孙中山的史书传记,冯自由秉持史家之德,没有使《中华民国开国前革命史》成为孙中山的"帝王将相家谱",而是兼顾了孙中山的革命地位与其他人物的革命地位,尽可能全面地呈现革命进程中的多样革命事迹。

三　《革命逸史》略述

1936 年 3 月,研究太平天国史的专家简又文在担任立法委员公职的闲暇时间,于上海创办了《逸经》文史半月刊,其内容集中于登载太平天国运动与国民革命中的史实与文献,"以发扬民族主义及表彰革命伟绩"。既是好友,又同为立法委员的冯自由非常赞成《逸经》的创办,并成为《逸经》的积极撰稿人之一,《革命逸史》中的内容就首先在《逸经》上刊载。日本全面侵华后,上海沦陷,《逸经》随之停刊,简又文、冯自由等人避难于香港,简又文遂在香港创办《大风》旬刊(后改为半月刊),冯自由继续为《大风》供稿,不断将《革命逸史》分期刊出。曾担任《逸经》与《大风》期刊主编的陆丹林每次都可以把《革命逸史》先睹为快,将冯自由的《革命逸史》、刘成禺的《洪宪纪事诗本事注》与简又文的《太平天国著述》合称为《逸经》的三鼎足①,深为读者所喜。

---

① 《"革命通"冯自由》,陆丹林:《革命史谭》,中华书局,2007 年,第 272 页。

《革命逸史》第一集于 1939 年 6 月整理完成后由商务印书馆出版,但因香港沦陷,冯自由不得不于 1941 年 12 月避难暂居重庆,得于闲暇再将《革命逸史》整理完毕。在抗日战争取得胜利后,他将《革命逸史》再次出版,从 1945 年到 1947 年出版了《革命逸史》的第一集到第五集,第六集一直到 1981 年才在台湾出版。

图 6-8 《逸经》

图 6-9 《大风》

《革命逸史》的创作缘由主要有两点。一是记录革命志士的事迹,弥补《中华民国开国前革命史》的不足。1936 年 3 月,冯自由在向《逸经》投稿的《弁言》中写明:"民国肇建,迄今已二十有五载,查考昔年参与革命事业之关系人物,属于乙未兴中会时代之志士,固已零落殆尽。即乙巳以至辛亥前之同盟会员,生存者亦复寥寥可数。"①随着亲历革命的当事人接连逝世,冯自由深感尽快用文字记录革命事迹的重要性。《中华民国开国前革命史》已经记述了晚清海内外革命党人起义建国的史实,但对于"个人言行事迹及团体构造活动,则语焉不详",因此有必要通过《革命逸史》进一步呈现革命过程中的个人与团体事迹。二是以信史教育国人。《中华民国开国前革命史》的上编和中编出版较早,但下编因时势及环境关系,"至今未能付梓",而"环顾国内出版之开国记

---

① 《弁言》,冯自由:《革命逸史》(上),第 6 页。

载,仍复浅陋不详",导致"国人对于辛亥前革命伟业,亦多数典忘祖,喜谤前辈,此真民国盛衰存亡之大关键也",①因此冯自由认为应该通过《革命逸史》使国人知晓更多的民国开国革命历史,并将《中华民国开国前革命史》下编的部分内容提前供国人阅览。

之所以取名"逸史",冯自由的解释是为了与正史的"简约明达要言不烦"相区别,逸史又称野史,"体例无须谨严,记载不厌琐细",逸史的范围很广,"除官书而外,举凡民间记载及历代相传之遗闻轶事,皆逸史也",着重于"搜罗世闻之典章、故实、嘉言、懿行、旧闻、琐语、奇谈、艳迹","足补官书之阙漏",②而"用供正史稗史之助"③。

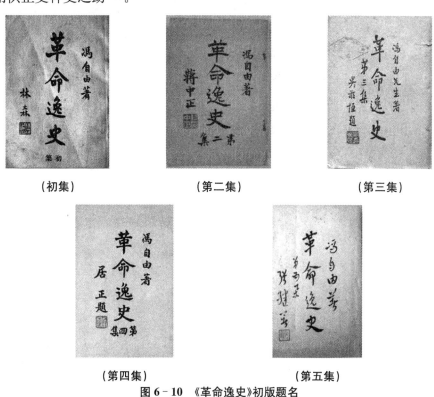

（初集）　　　　　　　（第二集）　　　　　　　（第三集）

（第四集）　　　　　　　　　　（第五集）

图 6-10　《革命逸史》初版题名

---

① 《自序》,冯自由:《革命逸史》(上),第 10—11 页。
② 《自序》,冯自由:《革命逸史》(上),第 11 页。
③ 《弁言》,冯自由:《革命逸史》(上),第 6 页。

《革命逸史》共六集,初版每一集的"革命逸史"四个字都由不同的名人题字。每一集的资料来源既有相同,亦有不同,因此有必要根据冯自由所描述的各集大意予以粗略介绍。

《革命逸史》初集由林森题名,共记载 80 项事迹,"系将《逸经》文史半月刊三十六期内所载拙著《革命逸史》汇集而成。除前刊七则仍依照《逸经》第一期原本期不失真外,其余概根据事实、时期、人物三者,分别先后,重行编排",初集所载史料,除了以冯自由自己记忆力所及分别录入外,其余以香港《中国日报》和冯自由历年笔记、函牍,以及民元临时稽勋局调查表册为底本。①

第二集由蒋介石题名,共记载了 58 项事迹,"系将香港《大风》旬刊及十日刊三年来所载革命逸史重新整理汇集而成,并根据事实时期人物三者分别先后,另行编排"。第二集所依赖的史料同样以冯自由记忆所及为基础,并根据 1899 年的香港《中国日报》,以及冯自由多年珍藏之笔记函牍和临时稽勋局调查表册。②

关于请求蒋介石为《革命逸史》题字一事,冯自由于 1943 年 1 月 15 日以"党末冯自由"的名义向蒋介石致信,诚恳地描述了自己"近十余年来专心从事编纂开国前革命史,略有成就。三年前已由商务印书馆出版拙著《革命逸史》第一集,曾先后进呈二册,度邀青盼。现此书第二集及第三集亦已陆续脱稿,第二集经党史编纂委员会审订后,已在香港排印告竣,适

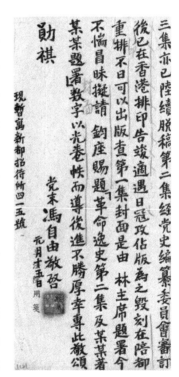

图 6 - 11　冯自由函蒋介石拟请为《革命逸史》第二集一书题字剪影

----

① 《本书大意》,冯自由:《革命逸史》初集,中华书局,1981 年。
② 《本书第二集大意》,冯自由:《革命逸史》第二集,商务印书馆,1968 年。

遇日寇攻占,版为之毁,刻在陪都重排,不日可以出版。查第一集封面是由林主席题署,今不惴[揣]冒昧,拟请钧座赐题'革命逸史第二集及某某著某某题署'数字,以光卷帙而导后进,不胜厚幸"①,蒋介石答应了冯自由的请求,为《革命逸史》第二集题署,写下"冯自由著""革命逸史""第二集""蒋中正"共 14 个字。

第三集由吴敬恒题名,共记载了 36 项事迹,"系将香港《大风旬刊》及重庆《中央周刊》、《三民主义半月刊》、《组织旬刊》、《中山文化教育馆季刊》、《华侨先锋》、桂林《党义研究半月刊》各杂志所载革命逸史,重新整理、汇集而成,并根据事实、时期、人物三者分别先后,另行编排"。第三集

图 6-12　《三民主义半月刊》

所依赖的史料还是以冯自由记忆所及为基础,结合 1899 年出版的香港《中国日报》及冯自由多年保存的笔记函牍、稽勋局调查表册等。该集还特别说明,本来前三集附有珍藏的革命时代图画墨迹,但陪都地区物料缺乏,无法影印制版,只有在香港地区出版的初集中有插图。②

第四集由居正题名,共记载了 33 项事迹,"系汇集民国前香港《中国日报》、美国旧金山《大同日报》、加拿大《大汉日报》及民国后香港《大风旬刊》、重庆《中央周刊》、《三民主义半月刊》、《组织旬刊》、《华侨先锋》、《扫荡日报》、《南风月刊》、永安《龙凤月刊》各刊物,重新整理而成。并根据事实、时期、人物三

① 《冯自由函蒋中正》(1943 年 1 月 15 日),台湾"国史馆"藏《蒋中正"总统"文物》、《一般数据—开国元勋书翰(二)》,入藏登录号:002000002007A,数位典藏号:002-080200-00618-041,第 140—141 页。

② 《本书第三集大意》,冯自由:《革命逸史》第三集,中华书局,1981 年。

者分别先后,另行编排"。这一集所依赖的史料与第三集相似。①

第五集由张继题名,共记载了 31 项事迹。从第五集开始,《革命逸史》除了继续整理出版国内外各杂志日报上已经发表的内容外,还将"中华民国开国前革命史所载每次革命军起义始末,添入近年搜罗新得之各种史实。较以前诸集当更翔实丰富"。第五集所依赖的史料,包括冯自由的回忆、1899 年《中国日报》、冯自由保存的笔记函牍、稽勋局的调查表册等。第五集排版印刷的时间已经是在抗日战争胜利之后,排版时已经加入插图。②

第六集虽然早已编排完毕,但各种原因导致其迟至 1981 年才出版,这一集共记载了 22 项事迹,内容与第五集相似,除整理出版已经发表在杂志日报上的内容外,还对《中华民国开国前革命史》中的革命军起义始末加以增订。此外,第六集还增录康有为、梁启超等人函件,这是孙中山在 1902 年托冯自由保管的资料,冯将这些资料出版"以证明当年两党曾磋商合作之经过"。③

就冯自由所著《革命逸史》的价值,时人已经有评价。1944 年,在《革命逸史》未正式出版前,已经提前得以阅读的孙科就高度评价冯自由所著《中华民国开国前革命史》前两编和《革命逸史》前两集"均属吾党珍贵史料,取材精审,考证确切,依历史之演变,辨性质之异同,发潜德之幽光,揭清政之黑暗,或显或晦,经其笔述,莫不趣味盎然,历历如绘,感人至深",特别称赞《革命逸史》有助于"加强国人对本党之认识,了然民国缔造之艰辛,阅历之险阻,确立共同之信念,而振发其爱国保种之心志,奠定民族复兴之始基,则其直接间接贡献于党国者,诚不浅矣"。④

当下学界对《革命逸史》也有讨论,集中在《革命逸史》的史料价值与视角价值方面。有学者称《革命逸史》虽属"逸史",但十分注重史实,《革命逸史》为

---

① 《本书第四集大意》,冯自由:《革命逸史》第四集,中华书局,1981 年。
② 《本书第五集大意》,冯自由:《革命逸史》第五集,中华书局,1981 年。
③ 《本书第六集大意》,冯自由:《革命逸史》第六集,中华书局,1981 年。
④ 《孙科序》,冯自由:《革命逸史》(上),中华书局 1981 年版未录孙科序言,新星出版社2016 年版补录。

"辛亥革命史乃至中华民国史的研究保存了非常珍贵的史料",同时批判《革命逸史》充满了"正统"史观:其没有脱离"以兴中会、同盟会和国民党为系列编写党史或革命史","而对光复会、日知会、华兴会等革命团体往往有所忽略";就地域而言,《革命逸史》亦以"广东、香港及海外华侨集居地为主,对于当时国内的两个革命中心——两湖地区和江浙上海,则相对较少涉及,与这两个地区革命活动的蓬勃开展极不相称",因此《革命逸史》的史料局限性明显。[①]

但也有学者认为冯自由所著《革命逸史》不仅有增补史料的价值,也有丰富"视角"的功效,因为相对于众多官修"正史",冯自由的《革命逸史》以"野史"的视角提供了历史中不为人所熟知的侧面,形成与"正史"的互补。例如李燮和在官修"正史"中最让人印象深刻的叙述是其属于"筹安六君子"之一,参与支持袁世凯复辟,而人们对李燮和在辛亥革命过程中"光复"上海、促成江浙宣布独立等正面事迹知之甚少,而这些在冯著中都有揭示。[②]

此外,更有学者指出冯自由的《革命逸史》中也存在史实记载不正确之处,通过对比日本外务省外交档案的记载,发现冯自由对孙中山在己亥、庚子期间的活动记载有误,对一些重要历史事件与人物记载存在失误之处,对自己参加过的历史事件记忆不清,等等。[③] 究其原因,一方面是冯自由未全面盘查相关资料而出现记载不确,另一方面是冯自由过于依赖本身记忆力而又记忆不清,有待学人们花更多精力物力进行史料挖掘与爬梳。

冯自由具有浓厚的"史鉴"意识,其希望通过著史而鉴往知今的意念非常强烈。痛感民国时期国人对民国开国史的"无知",是他写作《革命逸史》的重要动力。在撰写《中华民国开国前革命史》时,他就感慨,"民十七春间,余以民

---

① 朱寒冬、高红:《冯自由与〈革命逸史〉》,《安徽大学学报》(哲学社会科学版)1990年第4期,第91—95页。

② 张竞无:《革命党人的理想与奋斗》,载冯自由:《革命逸史:冯自由回忆录》(上),东方出版社,2011年,第1—4页。

③ 孔祥吉、[日]村田雄二郎:《辛亥革命史料抉择之困惑——冯自由〈中华民国开国前革命史〉与〈革命逸史〉异议》,《广东社会科学》2012年第1期,第127—138页。

国肇造,既历十七星霜,而国人对于革命开国之往事,茫无所知,实足以影响国运之兴亡",写作《革命逸史》之际,又叹息"国人……多数典忘祖,喜谤前辈,此真民国盛衰存亡之大关键也。余有鉴夫此,因续有《革命逸史》之作"。① 笔者从孙中山与冯自由关系的视角出发,认为《革命逸史》为进一步了解孙中山和认知孙、冯关系提供了丰富的史料,同时《革命逸史》也进一步刻画了孙中山的个人形象,塑造了冯自由笔下的总理"中山先生"。

《革命逸史》总有 260 项事迹记载,在体例编排上构成了 260 章,其中在标题直接提及孙中山的章有 16 项,兹列举如下:

表 6-1 《革命逸史》中直接提及孙中山(总理)的章名汇总

集数	章　名
第一集	孙陈剪辫易服
	孙总理行医广告
	孙总理之医术
	孙总理之文学
	戊戌前孙康二派之关系
	戊戌后孙康二派之关系
	癸卯孙总理在日本状况
第二集	孙总理信奉耶稣教之经过
	孙总理被困伦敦使馆之清吏笔记
	孙总理癸卯游美补述
第三集	兴中会初期孙总理之友好及同志
	孙总理修正伦敦被难记第一章恭注
第四集	孙总理革命立党之动机
	孙总理庚子协助菲律宾独立及购械失败始末
第五集	孙总理之英文对外宣言
	胡汉民致孙总理报告钦军解散及滇桂军务书
第六集	无

---

① 《自序》,冯自由:《革命逸史》(上),第 10—11 页。

此外,《革命逸史》中各章命名提及"同盟会""三民主义""兴中会""革命保皇""革命洪门"等词的章节内容也直接与孙中山相关。综观《革命逸史》中关于孙中山的记述体量和记述内容,冯自由不但没有把《革命逸史》写成关于"孙中山"个人英雄主义的传记,反而通过《革命逸史》向世人呈现了更加真实的孙中山。

总之,作为"革命通"的冯自由对国民党史和孙中山个人史都极为了解,以至"党中每有关于党史及调查革命同志履历,必向他咨询"①。在撰写革命史方面,冯自由于当时是非常合适的人选,其对孙中山的叙述,构成了后人心中的"中山"形象的来源之一。

图 6‑13 冯自由落款签名、印章剪影

---

① 《"革命通"冯自由》,陆丹林:《革命史谭》,第 272 页。

结 语

在清末民初辛亥革命史的研究中,冯自由所著《革命逸史》《中华民国开国前革命史》《华侨革命开国史》等是极为重要的参考文献。冯自由十四岁加入兴中会,追随孙中山二十多年,将自己革命生涯中所见所闻所寻编撰成书,为辛亥革命史研究提供了翔实丰富的史料,冯自由也因此被称为国民党的"太史公"。世人皆知《革命逸史》是研究孙中山的绝好史料,却鲜知作者冯自由与孙中山深厚的革命友谊。作为孙中山的机要秘书之一,冯自由于辛亥革命前通过创办报刊、组建革命团体、主持香港同盟会分会、筹集起义侨款等途径积极支持革命事业,于辛亥革命后在临时稽勋局局长、中华革命党党员、国会参议员等身份转换中配合了孙中山的未竟事业。

个人命运是对时代的注释。1854年冯自由的祖父冯展扬因结交"红头贼"被清吏逮捕,瘐死狱中,父亲冯镜如远走日本经商。1882年冯自由出生于日本横滨,此时的革命之火逐渐燃烧,大清帝国在内忧外患中摇摇欲坠。作为旅日华侨的后代,冯自由从小就受共和思想熏陶,痛恨清政府。他在十四岁的时候经孙中山亲自主持,加入了兴中会;十七岁开始创办报纸;二十岁参与留日学生的革命团体;二十五岁受孙中山委托主持香港同盟会分会,担任分会会长和《中国日报》社社长;二十九岁远赴美洲主笔致公堂《大汉日报》,并和孙中山一起在美洲为革命事业筹款。辛亥革命后,冯自由作为旅美华侨革命党总代表回国,被孙中山任命为临时大总统府秘书处的机要秘书,还担任了临时稽勋局局长。可以说冯自由在青年时期深受孙中山赏识器重,成为革命青年中的佼佼者。

相比于艰难与辉煌并存的青年革命时代,中年时期的冯自由的经历显得曲折暗淡。他追随孙中山参与"二次革命"、护国运动和护法运动。"二次革命"中被袁世凯免去临时稽勋局局长职务,并经历死里逃生;1917年当选国会华侨参议员,却受限于"府院之争"等时局变换而无法施展抱负;护法运动前后,冯自由积极配合孙中山的革命事业,同孙中山构成一文一武的南北协力,但受限于诸多复杂因素,冯自由并没有取得较大历史功绩,反而使孙、冯二人逐渐走上了殊途。

根据1923年11月的孙、冯会谈记录,孙中山已经决定放弃旧国会和旧"法统",也就是取消护法,准备转向国民革命运动,其实际行动上也正在筹备国民党改组和国共合作,而冯自由拘泥于依靠军阀和过时的"法统",以及特殊的个人利益,提出继续依靠军阀和议员以护法的建议,自然无法匹配孙中山的革命理念。"国共合作"式的国民革命运动与"非常国会"式的护法运动之间的新旧嬗替,成了孙、冯政治理念殊途的根本所在,这也是时代发展脉络烙于个人的印记。于是,当历史发展至孙中山决定改组国民党,实行国共合作之时,冯自由则因自身思想的保守性,而与孙中山的革命目标逐渐分道扬镳,根源之一应该是华侨出身的冯自由属于革命派里面的理想型自由主义者,复杂关系耐人深思。

冯自由因反对国共合作而触怒孙中山,并在孙中山去世后被开除党籍,政治上无所依托的他基本游离于政坛之外。由于是革命元老,蒋介石掌权时期,冯自由仍多少受到国民党政权优待,这也使他得以投身于撰写革命历史事迹,成为一代革命史家,并安度晚年,可以说是"政坛失意,文坛得意"。而他自题"行年七九未衰翁,太息民权尚落空。三十三年民主梦,几人继撞自由钟"一诗既是对自己碌碌一生的自嘲,亦是对时代的质问。

尽管冯自由的著述丰厚且影响深远,然而在孙中山的诸多追随者中,冯自由并非广为人知,在民国政坛中,冯自由也不属于人们耳熟能详、举重若轻的大人物。但并非"大人物"的冯自由能对诸多革命掌故和民国名人的事迹如数家珍,娓娓道来,特别是他关于孙中山的一些记述,为后人研究孙中山提供了非常重要的史料。

众所周知,孙中山研究已经取得了巨大的学术成果,为了进一步深化孙中山研究,在继续挖掘相关史料的基础上,必须寻求创新,包括方法的创新、视角的创新等。新史学、新文化史、社会史等为研究孙中山提供了史学方法的创新,而从外媒报刊、人际关系、中日关系、民初政局等角度来研究孙中山,则是体现了视角的创新。我们应该时刻注重拓展研究孙中山的视域宽度,因为孙中山的革命精神与革命事业并不仅仅属于孙中山一个人,而是代表了当时时代背景下所塑造出来的一批革命志士。从冯自由的个人视角可以丰富有关孙中山的研究,不仅能够探究孙中山革命思想转变过程中革命盟友的分合裂变情形,而且有助于构建以孙中山周边重要人物的个案研究来推进孙中山研究的学术路径。

参考文献

一、档案类

1.《国民政府军事委员会代电》(1943 年 2 月 19 日),台湾"国史馆"藏《国民政府》档案,《国民政府官员任免(四)》,入藏登录号:001000002721A,数位典藏号:001－032102－00033－076。

2.《蒋中正手令》(1943 年 10 月 4 日),台湾"国史馆"藏《国民政府》档案,《国民政府官员任免(七)》,入藏登录号:001000002733A,数位典藏号:001－032102－00045－001。

3.《蒋中正电吴铁城》(1946 年 3 月 27 日),台湾"国史馆"藏《国民政府》档案,《"国民大会"代表名额分配》,入藏登录号:001000000282A,数位典藏号:001－011142－00066－012。

4.《郑照、冯自由电蒋中正》(1948 年 5 月 3 日),台湾"国史馆"藏《国民政府》档案,《蒋中正当选首任"总统"庆贺电文(六)》,入藏登录号:001000000358A,数位典藏号:001－011410－00007－029。

5.《"总统府国策顾问"冯自由病逝,致送挽额"懋绩长昭"》(1958 年 4 月 7 日),台湾"国史馆"藏《陈诚"副总统"文物》档案,《陈诚致送各方挽额汇存(一)》,入藏登录号:008000000523A,数位典藏号:008－010406－00005－046。

6.《冯自由函蒋中正》(1943 年 1 月 15 日),台湾"国史馆"藏《蒋中正"总统"文物》,《一般数据—开国元勋书翰(二)》,入藏登录号:002000002007A,数位典藏号:002-080200-00618-041。

二、资料集类

1. 陈少白:《兴中会革命史要》,上海:建国月刊社,1935年。

2. 陈雅:《从兴中会至辛亥革命的忆述——李自重回忆录(遗稿)》,中国人民政治协商会议广东委员会文史资料研究委员会编:《广东辛亥革命史料》,广东人民出版社,1981年。

3. 段云章、沈晓敏编:《孙文与陈炯明史事编年》,广东人民出版社,2012年。

4. 冯自由:《革命逸史》(第一至第六集),中华书局,1981年。

5. 冯自由:《革命逸史》(上中下),新星出版社,2016年。

6. 冯自由:《华侨革命开国史》,商务印书馆,1946年。

7. 冯自由:《中国革命运动二十六年组织史》,上海三联书店,2014年。

8. 冯自由:《中华民国开国前革命史》,广西师范大学出版社,2011年。

9. 葛培林:《孙中山与香港》,政协广东省中山市委员会文史资料委员会编:《中山文史》第56辑,广东省中山文史编辑部,2005年。

10. 广东省社会科学院历史研究所、中国社会科学院近代史研究所中华民国史研究室、中山大学历史系孙中山研究室合编:《孙中山全集》全十一卷,中华书局,1981—1986年。

11. 横滨山手中华学校百年校志编辑委员会:《横滨山手中华学校百年校志》,横滨山手中华学园,2005年。

12. 胡汉民:《胡汉民自传》,《近代史资料》,1981年第2期。

13. 湖南省社会科学院编:《黄兴集》,中华书局,1981年。

14. 黄彦编:《孙文选集》,广东人民出版社,2006年。

15. 季镇淮等选注:《历代诗歌选》,中国青年出版社,2013年。

16. 蒋永敬编:《华侨开国革命史料》,台北:正中书局,1977年。

17. 李烈钧撰,天啸撰:《李烈钧将军自传 李烈钧出巡记》,中华书局,

2007年。

18. 李强选编:《北洋时期国会会议记录汇编》第七册,国家图书馆出版社,2011年。

19. 梁华平、叶素珍编:《湖北文史资料总第35辑:孙中山先生的足迹》,中国人民政治协商会议湖北省委员会文史资料委员会,1991年。

20. 刘泱泱编:《樊锥集 毕永年集 秦力山集》,湖南人民出版社,2011年。

21. 柳亚子编:《苏曼殊全集》,当代中国出版社,2007年。

22. 路遥主编:《义和团运动文献资料汇编》,山东大学出版社,2012年。

23. 罗刚编著:《中华民国国父实录》第六册,台北:正中书局,1988年。

24. 罗家伦主编:《革命文献》第四至第六辑,台北:"中央"文物供应社,1984年。

25. 清华大学历史系编:《戊戌变法文献资料系日》,上海书店出版社,1998年。

26. 桑兵主编:《孙中山史事编年》第一至第十二卷,中华书局,2017年。

27. 上海人民出版社编,徐复点校:《章太炎全集·太炎文录初编》,上海人民出版社,2014年。

28. 苏曼殊:《苏曼殊作品》,时代文艺出版社,2004年。

29. 孙中山著,文明国编:《孙中山自述》,人民日报出版社,2014年。

30. 谭永年主编,甄冠南编述:《辛亥革命回忆录》上册,台北:文海出版社,1976年。

31. 汤锐祥编:《护法运动史料汇编(二):国会议员护法篇》,花城出版社,2003年。

32. 汤志钧、陈祖恩、汤仁泽编:《中国近代教育史资料汇编:戊戌时期教育》,上海教育出版社,2007年。

33. 王彦威、王亮辑编:《清季外交史料》,湖南师范大学出版社,2015年。

34. 张磊主编:《孙中山文粹》,广东人民出版社,2009年。

35. 赵尧、廖就胜主编：《新会县志》第 7 篇《人物》，广东人民出版社，1995 年。

36. 中共中央党史研究室第一研究部译：《联共（布）、共产国际与中国国民革命运动（1920—1925）》，北京图书馆出版社，1997 年。

37. 中共中央文献研究室编：《毛泽东书信选集》，中央文献出版社，2003 年。

38. 中国国民党中央委员会党史委员会编：《国父全集补编》，台北："中央"文物供应社，1985 年。

39. 中国国民党中央委员会党史委员会编：《国父全集》，台北："中央"文物供应社，1980 年。

40. 中国人民政治协商会议全国委员会文史资料研究委员会编：《辛亥革命回忆录》第 6 集，文史资料出版社，1981 年。

41. 中国人民政治协商会议委员会文史资料研究委员会编：《辛亥革命回忆录》第 1 册，中华书局，1961 年。

42. 中国社会科学院近代研究所近代文化史研究室编辑：《中国文化研究集刊》第 4 辑，复旦大学出版社，1987 年。

43. 中国社会科学院现代史研究室选编：《中国现代革命史资料丛刊：马林在中国的有关资料》，人民出版社，1980 年。

44. 周秋光编：《熊希龄集》，湖南人民出版社，2008 年。

45. 邹鲁编著：《中国国民党史略》，商务印书馆，1945 年。

46. 邹鲁：《中国国民党史稿》，东方出版中心，2011 年。

三、报刊类

1.《参议院公报》，1922 年、1923 年。

2.《参议院议事录》，1912 年。

3.《广东党务月刊》，1933 年。

4.《国民报》，1901 年。

5.《国民政府公报》,1936 年。

6.《军政府公报》,1919 年。

7.《江苏省公报》,1915 年。

8.《京报》,1925 年。

9.《警务丛报》,1912 年。

10.《临时政府公报》,1912 年。

11.《美洲同盟会月刊》,1928 年。

12.《清议报》,1899 年。

13. 上海《民国日报》,1916 年、1917 年、1919 年、1922 年、1923 年、1925 年。

14.《申报》。

15.《盛京时报》,1925 年。

16.《顺天时报》,1916 年、1917 年。

17.《向导》,1925 年。

18.《益世报》,1917 年。

19.《政府公报》,1912 年、1913 年、1917 年。

20.《中央党务公报》,1943 年。

四、著作类

1. 白寿彝、周远廉、龚书铎主编:《中国通史》,上海人民出版社,2015 年。

2. 蔡鸿源、徐友春主编:《民国会社党派大辞典》,黄山书社,2012 年。

3. 陈宁骏、欣辰编著:《孙中山就任临时大总统揭秘》,东南大学出版社,2016 年。

4. 陈锡祺主编:《孙中山年谱长编》(上下),中华书局,1991 年。

5. 丁淦林主编:《中国新闻事业史新编》,四川人民出版社,1998 年。

6. 董丛林:《光绪二十四年:变政与政变》,故宫出版社,2013 年。

7.《二十世纪中国实录》编委会:《二十世纪中国实录》,光明日报出版社,

1997 年。

8. 国务院侨务办公室政法司编:《海外华侨与辛亥革命》,世界知识出版社,2012 年。

9. 方志钦、王杰:《康有为与近代文化》,河南大学出版社,2006 年。

10. 冯双编著:《邹鲁年谱》,中山大学出版社,2010 年。

11. [新加坡]黄贤强:《1905 年抵制美货运动:中国城市抗争的研究》,高俊译,上海辞书出版社,2010 年。

12. 黄珍吾:《华侨与中国革命》,台北:"国防研究院"出版社,1963 年。

13. 郝瑞庭、白云涛主编:《中国二十世纪纪事本末》第 1 卷(1900—1926),山东人民出版社,2000 年。

14. [日]近藤秀树:《宫崎滔天年谱稿》,《辛亥革命史丛刊》编辑组编:《辛亥革命史丛刊》第 1 辑,中华书局,1980 年。

15. 鞠玉华:《日本华侨华人子女文化传承与文化认同研究》,暨南大学出版社,2015 年。

16. 简又文:《革命元勋冯自由》,美国《"自由中华"》月刊抽印本,1963 年。

17. 孔祥吉、[日]村田雄二郎:《从东瀛皇居到紫禁城——晚清中日关系史上的重要事件与人物》,广东人民出版社,2011 年。

18. 林家有、张磊主编:《孙中山评传》,广东人民出版社,2014 年。

19. 李宏升编著:《李四光的青少年时代》,山西人民出版社,1999 年。

20. 李吉奎:《孙中山与日本》,广东人民出版社,1996 年。

21. 李剑农:《戊戌以后三十年中国政治史》,中华书局,1965 年。

22. 李新宇:《帝国黄昏 1840—1911:大清帝国最后的一抹笑容和悲怆》,广东人民出版社,2012 年。

23. 刘家林:《中国新闻史》,武汉大学出版社,2012 年。

24. 刘兴豪:《报刊舆论与中国近代化进程》,光明日报出版社,2016 年。

25. 刘勇、李怡主编:《中国现代文学编年史(1895—1949)》第 1 卷(1895—1905),文化艺术出版社,2015 年。

26. 罗家伦主编,黄季陆增订:《国父年谱(增订本)》,台北:近代中国出版社,1994年。

27. 罗宗强、陈洪主编:《中国古代文学作品选》第四卷(明清近代卷),高等教育出版社,2004年。

28. 茅家琦:《孙中山评传》,南京大学出版社,2001年。

29. 茅家琦等著:《百年沧桑:中国国民党史》上册,鹭江出版社,2009年。

30. 毛注青编:《黄兴年谱》,湖北人民出版社,1980年。

31. 彭训文:《忏尽情禅空色相:苏曼殊传》,北京联合出版公司,2012年。

32. 乔志强:《辛亥革命前的十年》,山西人民出版社,1987年。

33. 桑兵主编:《孙中山的活动与思想》,北京师范大学出版社,2015年。

34. 桑兵主编:《清末新知识界的社团与活动》,北京师范大学出版社,2014年。

35. 邵雍:《辛亥革命与中国社会》,合肥工业大学出版社,2012年。

36. [美]史扶邻:《孙中山与中国革命》,丘权政、符致兴译,山西人民出版社,2010年。

37. 唐德刚:《从晚清到民国》,中国文史出版社,2015年。

38. 陶菊隐:《北洋军阀统治时期史话》,山西人民出版社,2013年。

39. 石云艳:《梁启超与日本》,天津人民出版社,2005年。

40. 王芸生编著:《六十年来中国与日本》第5卷,生活·读书·新知三联书店,2005年。

41. 吴爱萍:《从康梁到孙中山——清末民初宪政理念与实践研究》,天津人民出版社,2011年。

42. 武昌辛亥革命研究中心组编,严昌洪主编,肖宗志、管龙陵编:《辛亥革命史事长编》第2册,武汉出版社,2011年。

43. 魏剑美、骆一歌著:《中国报纸副刊史》,新华出版社,2015年。

44. 夏征农、陈至立主编,熊月之等编著:《大辞海·中国近现代史卷》,上海辞书出版社,2013年。

45. 肖效钦主编:《中国国民党史》,安徽人民出版社,1989 年。

46. 辛亥革命纪念馆编:《辛亥革命时期的广东名人传略》,华南理工大学出版社,2014 年。

47. 杨渭生:《慎思轩文存》,浙江大学出版社,2017 年。

48. 余杭章太炎故居纪念馆编:《章太炎逝世八十周年暨章太炎故居保护开放三十周年纪念文集》,上海人民出版社,2017 年。

49. [日]伊原泽周:《从"笔谈外交"到"以史为鉴"——中日近代关系史探析》,中华书局,2003 年。

50. 曾庆榴:《国民革命与广州》,广州出版社,2011 年。

51. 张磊主编:《孙中山词典》,广东人民出版社,1994 年。

52. 张宪文、张玉法主编,任贵祥、李盈慧著:《中华民国专题史·第十四卷:华侨与国家建设》,南京大学出版社,2015 年。

53. 张宪文、张玉法主编,吴志良、娄胜华、何伟杰著:《中国民国专题史·第十八卷:革命、战争与澳门》,南京大学出版社,2015 年,第 84 页。

54. 张宪文、薛恒等著:《共和肇始:南京临时政府研究》,南京大学出版社,2012 年。

55. 张应龙主编:《海外华侨与辛亥革命》,暨南大学出版社,2011 年。

56. 张应龙主编:《广东华侨与中外关系》,广东人民出版社,2014 年。

57. 张林杰:《康有为与康门弟子》,大象出版社,2014 年。

58. 张湘炳:《史海抔浪集:陈独秀并辛亥革命问题研究》,天津社会科学院出版社,1993 年。

59. 宗志文、朱信泉主编,李新校阅:《民国人物传》第 3 卷,中国社会科学院近代史研究所编:《中华民国史资料丛稿》,中华书局,1981 年。

60. 中国义和团研究会编:《义和团运动与近代中国社会国际学术讨论会论文集》,齐鲁书社,1992 年。

61. "中华民国"各界纪念国父百年诞辰筹备委员会学术论著编纂委员会主编:《国父年谱》,台北:"中华民国"各界纪念国父百年诞辰筹备委员会,

1965 年。

五、论文类

1. 陈海懿:《他者眼中的"中山"——外报媒体舆论与孙中山逝世研究》,《新闻界》2017 年第 3 期。

2. 馮瑞玉:「馮鏡如『新増華英字典』をめぐって(1)辛亥革命を支えた英国籍の中国人」,『月刊しにか』,第 12 卷第 9 期,2001 年。

3. 付金柱:《民国初年广东都督选任风潮——孙中山与陈炯明分歧溯源》,《浙江社会科学》2009 第 5 期。

4. 傅国涌:《由国民党失意元老转为历史学家的冯自由》,《炎黄春秋》2002 年第 2 期。

5. 黄肇珩、徐圆圆:《冯自由先生百年诞辰——口述历史座谈会纪实》,《近代中国》1982 年第 27 期。

6. 江映林:《冯自由和他的〈革命逸史〉》,《文史杂志》2011 年第 5 期。

7. 孔祥吉、[日]村田雄二郎:《一九〇二年东京"支那亡国纪念会"史实订正》,《历史研究》2007 年第 3 期。

8. 孔祥吉、[日]村田雄二郎:《辛亥革命史料抉择之困惑——冯自由〈中华民国开国前革命史〉与〈革命逸史〉异议》,《广东社会科学》2012 年第 1 期。

9. 李少军、卢勇:《民国初年的稽勋留学生述论》,《湖北社会科学》2005 年第 7 期。

10. 李永:《1912—1913 年民国稽勋留学生派遣始末》,《兰台世界》2015 年第 13 期。

11. 姜新:《辛亥革命与稽勋留学》,《民国研究》2014 年第 1 期。

12. 罗有桂:《革命史家冯自由》,《中国历史学会史学集刊》1978 年第 10 期。

13. 宁树藩:《横滨〈开智录〉评介》,《新闻大学》1984 年第 1 期。

14. 宁树藩、陈匡时:《评〈开智录〉》,《复旦学报(社会科学版)》1984 年第

3 期。

15. 彭泽周:《从近卫日记看康有为滞日问题》,台北《大陆杂志》1990 年第 81 卷第 6 期。

16. 俞漪雯、张志诚、傅也俗:《孙中山、汪精卫答〈顺天时报〉记者问》,《党的文献》1992 年第 2 期。

17. 陶季邑:《从〈民生主义与中国政治革命之前途〉看辛亥时期冯自由的社会主义思想》,《科学社会主义》1993 年第 4 期。

18. 熊志翔:《试论冯自由民主革命思想的形成》,《中国近代史》1993 年第 10 期。

19. 张爱平:《冯自由致孙中山先生函稿》,《档案与历史》1986 年第 1 期。

20. 郑丽丽、郭继宁:《清末政治小说勃兴评议》,《河南师范大学学报》2011 年第 1 期。

21. 朱寒冬、高红:《冯自由与〈革命逸史〉》,《安徽大学学报》(哲学社会科学版)1990 年第 4 期。

22. [日]中村聪:《日本横滨大同学校之创立》,马燕译,《东方论坛》2008 年第 5 期。

后 记

2016年是孙中山先生150周年诞辰,从官方到民间,多家学术机构开展了有关孙中山的纪念活动,故借助纪念活动的"东风",我通过整理《朝日新闻》《读卖新闻》《字林西报》《大陆报》《南华早报》《曼彻斯特卫报》《爱尔兰时报》《印度时报》等报刊,撰写了《他者眼中的"中山"——外报媒体舆论与孙中山逝世研究》(发表于《新闻界》2017年第3期)一文,探究他者(外国人)眼中的孙中山及"中山"形象的构建过程,并以此论文参加了南京大学等主办的"孙中山与现代中国"学术研讨会(2016年10月),以及上海中山学社等主办的"孙中山的理想与中国梦"国际学术研讨会(2016年11月),这是真正意义上进入孙中山研究领域的开端。

2017年11月,上述拙文又获得由中国社会科学院近代史研究所和孙中山研究院(中山市)共同设立的首届"孙中山与近代中国研究青年学术奖",进一步坚定了本人继续从事孙中山研究的信心,当时的我已经身处日本东京,正在日本明治大学进行联合培养学习。2017年12月,在我留学日本将满一年、准备回国之际,接到来自苏艳萍师姐的讯息,希望我能接受撰写"孙中山与冯自由"的任务,于是我就利用留学的尾声时间,在东洋文库、明治大学骏河台校区图书馆、国立国会图书馆、横滨市立图书馆等处搜集有关冯自由的日文资料。

回国后我即与张雅婷进行分工,一方面继续寻找和消化各种史料,另一方面有针对性地进行分时段撰写。张雅婷负责本书前三章撰写,聚焦辛亥革命前的孙中山和冯自由,而我主要负责本书后三章撰写,关注辛亥革命后的孙中山和冯自由,并在完成后再进行统稿与修订。

2018 年 8 月 12 日至 18 日,我将本书第五章的部分内容整理成一篇论文,申请参加中国社会科学院近代史研究所和孙中山研究院主办、孙中山故居纪念馆承办的"孙中山与粤港澳大湾区"青年研习营。这是我第一次来到孙中山故居,更近距离地感受到了中山先生的伟人魅力,记忆深刻。

历时两年有余,看到小书成型,不禁心生感触。在撰写本书过程中,首先要诚谢南京中山陵孙中山纪念馆"孙中山与民国人物"学术项目的资助,为完成拙著提供保证。敬谢苏艳萍师姐将撰写此书的机会给予张雅婷和我,为我们提供了难得的学习和锻炼机会。

在历史人物的书写中,作者及知识的生产者很容易产生共情的心理,甚至有时会无意识地贯穿于行文中,因此我们尽量搜集和辨析史料,并直观地引用,力图以客观的立场呈现孙中山与冯自由。读者面对此书会做何感想,尚未可知,但我们此刻已然怀着惶恐而期待的心情。若能使阅读者产生些许共鸣或触动,吾等心满意足矣。

最后,自题一首《浣溪沙·惜自由》(作者:张雅婷),为此小书收尾。

年少高台起边烽,冯唐易老憾无穷,不堪回首月明中。

试问沧桑共和梦,安能击撞自由钟,且书逸史寄平生。

写于南京大学仙林校区历史学院

2020 年 6 月 1 日

图书在版编目(CIP)数据

孙中山与冯自由 / 陈海懿,张雅婷著. — 南京：
南京大学出版社,2020.8
(孙中山与他的秘书们 / 梅宁主编)
ISBN 978-7-305-23689-1

Ⅰ.①孙… Ⅱ.①陈… ②张… Ⅲ.①孙中山(1866
—1925)—生平事迹②冯自由(1882—1958)—生平事迹
Ⅳ.①K827=6

中国版本图书馆 CIP 数据核字(2020)第 154439 号

出版发行　南京大学出版社
社　　址　南京市汉口路 22 号　　　邮　编　210093
出 版 人　金鑫荣

丛 书 名　孙中山与他的秘书们
丛书主编　梅　宁
书　　名　孙中山与冯自由
著　　者　陈海懿　张雅婷
责任编辑　黄隽翀　　　　　　　编辑热线　025-83593947
助理编辑　郑晓宾

照　　排　南京南琳图文制作有限公司
印　　刷　南京玉河印刷厂
开　　本　718×1000　1/16　印张 14.5　字数 207 千
版　　次　2020 年 8 月第 1 版　2020 年 8 月第 1 次印刷
ISBN 978-7-305-23689-1
定　　价　45.00 元

网址：http://www.njupco.com
官方微博：http://weibo.com/njupco
官方微信号：njupress
销售咨询热线：025-83594756